D1676528

Kay Winter

Social Media als Instrument der externen Unternehmenskommunikation

Potentialanalyse am Beispiel PORTOLAN Commerce Solutions GmbH

Diplomica® Verlag GmbH

Winter, Kay: Social Media als Instrument der externen Unternehmenskommunikation: Potentialanalyse am Beispiel PORTOLAN Commerce Solutions GmbH. Hamburg, Diplomica Verlag GmbH 2013

ISBN: 978-3-8428-9170-8
Druck: Diplomica® Verlag GmbH, Hamburg, 2013

Bibliografische Information der Deutschen Nationalbibliothek:
Die Deutsche Nationalbibliothek verzeichnet diese Publikation in der Deutschen Nationalbibliografie; detaillierte bibliografische Daten sind im Internet über http://dnb.d-nb.de abrufbar.

Die digitale Ausgabe (eBook-Ausgabe) dieses Titels trägt die ISBN 978-3-8428-4170-3 und kann über den Handel oder den Verlag bezogen werden.

Inhaltsverzeichnis

Abkürzungsverzeichnis

CD	Corporate Design
PCS	PORTOLAN Commerce Solutions GmbH
PR	Public Relations
TDS	Tele-Daten-Service Informationstechnologie AG
WWW	World Wide Web

Abbildungsverzeichnis

1. Einleitung

1.1 Problemstellung

Das Bedürfnis der Menschen miteinander zu kommunizieren ist so alt wie die Menschheit selbst. Prähistorische Höhlenmalereien, ägyptische Hieroglyphen, antike Karikaturen und indianische Rauchzeichen sind nur einige wenige Belege hierfür. Die Kommunikation machte es dem Menschen möglich, sein eigenes Wissen zu verbreiten und auf das Wissen anderer zurückzugreifen, um daraus zu lernen.[1]

In der Mitte der neunziger Jahre kam es durch die Kommerzialisierung des World Wide Webs (WWW) bzw. des Internets zu einem revolutionären Wandel der zwischenmenschlichen Kommunikation. Waren vor 1995 gerade einmal 16 Millionen Menschen online, sind es heute bereits über 2 Milliarden Nutzer.[2] Dies führte laut einer ARD/ZDF-Onlinestudie aus dem Jahr 2011 zu einer grundlegenden Veränderung von Wirtschaft und Gesellschaft.[3] Die Auswirkungen jener rasanten Entwicklung sind dabei vor allem für Unternehmen äußerst tiefgreifend und gelten einerseits für das Marketing, jedoch noch viel mehr für deren Wissensaustausch und Kommunikationsprozess. Zudem entstand eine Chancengleichheit großer und kleiner Unternehmen, da sich zahlreiche neue Möglichkeiten für die Organisation und Optimierung der externen Unternehmenskommunikation ergaben.[4] Das Internet wurde schnell zu einem der effektivsten Kommunikationsmittel, wodurch es möglich war, Zielgruppen weltweit über alle Ländergrenzen hinweg mit vergleichsweise geringen Kosten anzusprechen. Aufgrund dieser „Renaissance der Kommunikation"[5] veränderte sich auch das in der Literatur häufig zitierte Sender-Empfänger Kommunikationsmodell.[6] Das WWW veranlasste, dass Empfänger mit Hilfe von Social Media[7] Kanälen und sozialen Netzwerken auch gleichzeitig als Sender proaktiv agieren konnten. Jene digitalen Plattformen wurden zu dem neuen, dynamischen und interaktiven Internet, in welchem Nutzer mit anderen Nutzern Beziehungen aufbauen und uneingeschränkt kommunizieren können.[8] Die Dialoge finden jedoch nicht nur im Austausch von verbalen Botschaften statt, sondern beziehen ebenso viele multimediale Formate wie Fotos, Videos, Musik- und Sprachaufzeichnungen sowie Spiele mit ein.[9] Heutzutage hat sich

---

[1] Vgl. Hoffmann, L.; Leimbrink, K.; Quasthoff, U. (2011), S. 49 ff.
[2] Vgl. o.V. (2012), Internet World Stats, http://internetworldstats.com/stats.htm (Stand: 14.05.2012)
[3] Vgl. o.V. (2011), ARD/ZDF-Onlinestudie, http://www.ad-zdf-onlinestudie.de/ (Stand: 14.05.2012)
[4] Vgl. Grabs, A.; Bannour, K. (2011), S. 23
[5] Sauter, J. (2011), UdL Digital, http://www.udldigital.de/nxt_open-space-im-base_camp/ (Stand: 14.05.2012)
[6] Vgl. Haug, A. (2012), S. 101 f.
[7] Social Media ist der Überbegriff für digitale Medien, in denen Internetnutzer Erfahrungen, Meinungen oder Informationen austauschen und Wissen sammeln; vgl. Scott, D. M. (2012), S. 95
[8] Vgl. Heymann-Reder, D. (2011), S. 19 f.
[9] Vgl. Weinberg, T. (2011), S. 4

Social Media in der Gesellschaft stark etabliert und erhält zunehmend Einfluss auf das unternehmerische Geschehen.[10] Kaufinteressenten informieren sich über Produkte, Journalisten nutzen es für Recherchen, Informationsinteressierte beziehen darüber neueste Nachrichten und immer mehr holen sich von ihren Freunden nützliche Tipps und Ratschläge. Soziale Netzwerke haben grundlegend dazu beigetragen, dass Informationen einfacher zu finden und für jedermann zugänglich sind. Diese Thematik wird zudem durch die wachsende Unterstützung von Endgeräten, wie den normalen Arbeitsplatzcomputern, Tablet-PCs und internetfähigen Smartphones weiter vorangetrieben.[11] Potentielle Kunden suchen heute online nach Meinungen, lesen Rezensionen und vergleichen Preise. Daher werden digitale Kundenbewertungen für den Produktabsatz immer wichtiger und die Präsenz der eigenen Unternehmung in diesem Medium ist von höherer Bedeutung als je zuvor. Organisationen müssen folglich umdenken, um einen möglichen Glaubwürdigkeits-verlust zu verhindern und den aktiv am Kommunikationsprozess teilnehmenden Konsu-menten überhaupt noch zu erreichen.[12]

Mit diesem Sachverhalt sieht sich die externe Unternehmenskommunikation konfrontiert. Ein Unternehmen kann sich folglich den sozialen Medien nicht entziehen, wie eines der Axiome von Watzlawick, Beavin und Jackson besagt: „Man kann nicht nicht kommunizie-ren"[13]. Denn auch ohne eine aktive Teilnahme können Beiträge zu einem Unternehmen oder dessen Produkten in das WWW eingestellt werden.[14] Die Glaubwürdigkeit als wesentlicher Erfolgsfaktor der Unternehmenskommunikation muss demnach auch im Social Media Umfeld bewahrt bleiben. In dieser Umgebung ist der Kunde nicht nur Käufer, sondern gleichzeitig auch Markenbotschafter, welcher seine Lieblingsprodukte und Lieblingsmarken den Freunden, Bekannten oder Verwandten empfiehlt.[15] Durch eine solche „digitale Mundpropaganda"[16] beeinflussen Verbraucher die individuelle Wahrneh-mung und in weiterer Folge sogar das Kaufverhalten anderer Käufer. Der Grund dafür liegt auf der Hand: Potentielle Kunden vertrauen eher engen Freunden und empfinden deren Aussagen als glaubwürdiger, als die der klassischen Werbung.[17] Dies verleiht dem Verbraucher eine neue Macht im Internet und zwingt Unternehmen dazu, sich im Rahmen der Unternehmenskommunikation mit der Thematik von sozialen Netzwerken intensiver denn je auseinander zu setzen.[18]

---

[10] Vgl. Hackmann, J. (2012), S. 14 ff.
[11] Vgl. Lembke, G. (2011), S. 14
[12] Vgl. Grabs, A.; Bannour, K. (2011), S. 25
[13] Watzlawick, P.; Beavin, J. H.; Jackson, D. D. (2011), S. 53
[14] Vgl. Frère, E.; Leonhardt, S.; Reuse, S. (2012), S. 4 ff.
[15] Vgl. Weinberg, T. (2011), S. 5
[16] Schüller, A. M. (2012), S. 32
[17] Vgl. Heymann-Reder, D. (2011), S. 25 ff.
[18] Vgl. o.V. (2011), Verbesserung der externen Kommunikation, http://b2b-social-media-marketing.de/?p=228 (Stand: 14.05.2012)

Die externe Unternehmenskommunikation der PORTOLAN Commerce Solutions GmbH (PCS) umfasst klassische Öffentlichkeitsarbeit, Sponsoring, Pressemitteilungen, Besuche von Messen, Veranstaltungen, persönliche Kundenkontakte und vor allem Kundenmailings in On- und Offline-Formen. Zwar werden jene Instrumente möglichst originell und ansprechend gestaltet, allerdings weist der erhoffte Erfolg, möglichst viel Aufmerksamkeit und Vertrauen bei den Zielgruppen zu erwecken, meist noch Defizite auf. Vergleicht man die PCS mit der brancheninternen Konkurrenz oder den Partnerunternehmen, wird recht schnell deutlich, dass dieses Manko vor allem auf die bis dato stark vernachlässigte Variable der Social Media zurückzuführen ist. Durch erhöhte Nutzung dieses erfolgversprechenden Instruments wäre es möglich, die externe Unternehmenskommunikation fortlaufend zu optimieren.

1.2 Zielsetzung und Vorgehensweise

Das Ziel der vorliegenden Studie besteht darin, die bereits bestehende externe Unternehmenskommunikation der PCS im Bereich Social Media aufzuzeigen und mit Hilfe einer Best Practice Potentialanalyse am Beispiel eines brancheninternen Partnerunternehmens entsprechende Chancen herauszuarbeiten, um anschließend diesbezügliche Handlungsempfehlungen ableiten zu können. Zuerst sollen anhand der Literatur die Grundlagen der externen Unternehmenskommunikation bzw. Social Media herausgearbeitet und dabei auf die Begrifflichkeiten sowie die jeweilige Entwicklung und den heutigen Stellenwert eingegangen werden. Daraufhin sollen ausgewählte soziale Netzwerke verglichen, diese durch Hinziehung eines Partnerunternehmens in der Praxis dargestellt und Potentiale für die PCS erarbeitet werden.

Im ersten theoretischen Teil dieser Studie werden ausgehend von der definitorischen Abgrenzung die Funktionen, die Historie, die betroffenen Zielgruppen und die Instrumente, welche eine unternehmerische Kommunikation ermöglichen, erläutert. Im Anschluss erfolgt eine Einführung in die Grundlagen der Social Media. Dabei wird zuerst auf das Web 2.0 als Voraussetzung eingegangen, anschließend werden die Begrifflichkeiten erklärt und zuletzt die Bedeutung sowie die Herausforderungen illustriert.

Im zweiten Teil der theoretischen Ausarbeitung werden die Anwendungsmöglichkeiten und Chancen von Social Media im unternehmerischen Kommunikationsprozess aufgeführt. Dafür werden mit Hilfe einer Studie vom Deutschen Institut für Marketing die fünf relevantesten sozialen Netzwerke ausgewählt und näher analysiert. Die durch den Einsatz dieser Plattformen entstehenden Wettbewerbsvorteile werden im darauffolgenden Kapitel aufgeführt und anhand der Disziplinen Marketing und Werbung, Vertrieb und Kundengewinnung, Feedback und Image unterteilt. Da im Social Web vor allem dem umstrittenen Datenschutz eine hohe Bedeutung zukommt, findet sich im letzten Absatz des theoretisch ausgearbeiteten Teils eine kritische Hinterfragung diesbezüglich. Hier wird laut einem Facebook-Experiment der IT-Sicherheitsfirma Sophos verdeutlicht, dass die Nutzer meist selbst die größte Schwachstelle für Unternehmen in der Datensicherheit darstellen. Organisationen müssen sich folglich bewusst machen, dass soziale Netzwerke auch gewisse Risiken mit sich bringen und möglicherweise sogar dem Image schaden können.

Im praxisorientierten Teil dieser Studie wird vorerst die PCS im Zuge eines Kurzportraits und die zugehörige Historie vorgestellt. Daraufhin wird auf die momentane externe Unternehmenskommunikation eingegangen, die Firmenphilosophie aufgezeigt und das Defizit, in Bezug auf das Erwecken von möglichst viel Aufmerksamkeit und Vertrauen bei den Zielgruppen, verdeutlicht. Anschließend werden die potentiellen Chancen eines Social Media Auftritts am Beispiel der Partnerfirma Tele-Daten-Service Informationstech-nologie AG (TDS) als Best Practice Unternehmen herausgearbeitet. Hierfür wird ebenfalls die Organisation vorerst durch eine Kurzbeschreibung und entsprechende Historie illustriert und der unternehmerische Kommunikationsprozess aufgezeigt.

Der zweite praktische Teil dieser Studie beginnt mit der Erläuterung des Leitgedankens, der Ziele und Erfolgsfaktoren von Potentialanalysen. In Folge dieser theoretischen Grundlagen kann die Umsetzung der TDS bezüglich ihrer Social Media Kommunikation auf den Plattformen Facebook, XING, Twitter, Youtube sowie dem Corporate Blog untersucht und bewertet werden. Im Rahmen der Potentialanalyse entsteht somit eine Lücke zwischen der eigenen Unternehmung und der besten gemessenen Leistung, sodass Maßstäbe gesetzt werden können. Daraufhin wird geprüft, wie die TDS zu dieser besseren Leistung gekommen ist und eine Möglichkeit gesucht, um diese bei der PCS zu integrieren. Infolgedessen wäre es möglich, jene Leistungslücke zu schließen und gegebenenfalls sogar das Best Practice Unternehmen zu übertreffen. Vor der zusammen-fassenden Schlussbetrachtung im letzten Kapitel werden, abgesehen von den aus der Potentialanalyse abgeleiteten Handlungsempfehlungen, noch allgemeine Aspekte zu Veröffentlichungen im Internet aufgeführt. Dafür wird, wie bereits in diversen anderen Textabschnitten, auf Angaben von Michael Erhard, dem Pressesprecher der TDS, zurückgegriffen und daraus Möglichkeiten für die eigene Kommunikation abgeleitet.

Im Anschluss an diese Studie soll ausgehend von den ermittelten Chancen und Hand-lungsempfehlungen die bisher vernachlässigte Variable der Social Media bei der PCS eingeführt und die externe Unternehmenskommunikation fortlaufend optimiert werden.

2. Social Media in der externen Unternehmenskommunikation

2.1 Grundlagen der externen Unternehmenskommunikation

Das Kapitel 2.1 bzw. die dazugehörigen Unterkapitel erläutern die Grundlagen der Unternehmenskommunikation. Neben der definitorischen Abgrenzung, den Funktionen, der zeitlichen Entwicklung und den betreffenden Zielgruppen erfolgt eine Darstellung der Instrumente, welche eine unternehmerische Kommunikation ermöglichen.

2.1.1 Begrifflichkeiten

Die Unternehmenskommunikation bezeichnet die Gesamtheit aller Kommunikationsinstrumente und -maßnahmen, die zur *internen* und *externen* Darstellung einer Organisation und deren Leistungen genutzt werden.[19] Bei der *internen* Unternehmenskommunikation, auch Mitarbeiterkommunikation genannt, handelt es sich um den regelmäßigen Dialog zwischen Unternehmensführung und Mitarbeitern. Ihr Ziel ist es, die Mitarbeiter über die Unternehmensstrategie und das Vorgehen des Managements zu informieren, um deren Identifikation mit der Firma zu steigern.[20] Essentiell für die vorliegende Studie mit dem Fokus auf Social Media ist jedoch explizit die *externe* Unternehmenskommunikation. Sie umfasst den Austausch von Informationen und Nachrichten zwischen Organisationen und anderen Unternehmen, Gruppen oder Einzelnen, die nicht in das eigene Gefüge eingebunden sind.[21] Instrumente hierbei sind bspw. die Public Relations (PR)[22] sowie das Marketing und das Corporate Design (CD)[23]. Man kann sie also allgemein als verbale oder nonverbale Kommunikation zwischen einem Unternehmen und seiner Umwelt bezeichnen. Zu den Anspruchsgruppen dieser Umwelt zählen unter anderem Kunden, Lieferanten, Aktionäre, Journalisten, Konkurrenten und Politiker.[24]

Laut Zerfaß kann diese Thematik jedoch aus mehreren Blickwinkeln betrachtet werden. Die Unternehmenskommunikation basiert zum einen auf betriebswirtschaftlichen und zum anderen auf kommunikativen Grundlagen. Da ein Teil davon in der Öffentlichkeit stattfindet, beschäftigen sich auch die Sozialwissenschaften mit diesem Begriff.[25] Die meisten Definitionen kommen infolgedessen häufig aus den jeweiligen Spezialgebieten und vernachlässigen somit die Aspekte der anderen Wissenschaften. Zerfaß formuliert dagegen auf Basis aller drei interdisziplinären Bereiche ein Definition, die die Unterneh-

---

[19] Vgl. Gröppel-Klein, A.; Germelmann, C. C. (2009), S. 181
[20] Vgl. Far, S. M. (2010), S. 78
[21] Vgl. Allgäuer, J. E.; Larisch, M. (2011), S. 17 f
[22] Englisch für Öffentlichkeitsarbeit
[23] Das Corporate Design bestimmt das optische Erscheinungsbild einer Organisation in der Öffentlichkeit und innerhalb des Unternehmens; vgl. Werner, A. (2012), S. 225
[24] Vgl. Pepels, W. (2012), S. 44
[25] Vgl. Mast, C. (2008), S. 10

menskommunikation als „alle kommunikative Handlungen von Organisationsmitgliedern, mit denen ein Beitrag zur Aufgabendefinition und -erfüllung in gewinnorientierten Wirtschaftseinheiten geleistet wird"[26] beschreibt.

Relevant für die in dieser Studie aufgeführten Thematik, ist auch die Unterscheidung zwischen ein- und zweiseitiger Unternehmenskommunikation. Übermittelt ein Sender Informationen an einen Empfänger, ohne dass dieser die Möglichkeit zur Interaktion hat, spricht man von einer einseitigen Kommunikation.[27] Geht der Informationsfluss in beide Richtungen, so spricht man von zweiseitiger Kommunikation. Der Rezipient verfügt bei dieser Form über eine sofortige Rückkopplungsmöglichkeit als Reaktion auf die Nachricht.[28] Laut Bauer, Heinrich und Samak vermitteln heutzutage in der PR nur noch zweiseitige Kommunikationsprozesse die gewollte Glaubwürdigkeit bei Anspruchsgruppen und ermöglichen eine langfristige Kundenbindung.[29]

2.1.2 Entwicklung und Status Quo

Die Entwicklung der Unternehmenskommunikation bis zum heutigen Kommunikationsmanagement hat sich über Jahrzehnte hinweg in diversen Schritten vollzogen. So wurden bspw. in den fünfziger Jahren nur sehr sporadisch Kommunikationsmaßnahmen durchgeführt, da es sich bei den Märkten größtenteils um Verkäufermärkte[30] handelte.[31] Auch in den sechziger Jahren lag der Schwerpunkt noch weniger auf der Vermittlung von „Unternehmenspersönlichkeiten"[32], sondern eher auf der argumentativen Unterstützung des Verkaufs und Vertriebs. Erst im Jahr 1970, mit der Zunahme des Marketingbewusstseins rückte der Konsument bzw. der potentielle Kunde in den Mittelpunkt und das Produkt wurde zur Nebensache.[33] Unternehmen versuchten mit aufwendigen Kampagnen die Akzeptanz in der Gesellschaft zu erreichen und als einzigartig gegenüber der Konkurrenz aufzutreten. Diese Denkweise erstreckte sich auch über die neunziger Jahre hinaus, als das WWW seinen kommerziellen Durchbruch erlebte und die Unternehmenskommunikation dialogisierte.[34]

---

[26] Zerfaß, A. (2010), S. 287
[27] Vgl. Steffenhagen, H. (2008), S. 130
[28] Vgl. Esch, F. R. (o.J.), Gabler Wirtschaftslexikon, http://wirtschaftslexikon.gabler.de/Archiv/81067/zweiseitige-kommunikation-v4.html (Stand: 14.05.2012)
[29] Vgl. Bauer, H. H.; Heinrich, D.; Samak, M. (2012), S. 281
[30] Verkäufermärkte sind Marktsituationen, in denen die Verkäufer die Preise festlegen können, weil die Nachfrage groß ist oder Produktknappheit herrscht; vgl. Kuß, A.; Kleinaltenkamp, M. (2011), S. 50
[31] Vgl. Ries, C. (2010), S. 31
[32] Vgl. Kiepert, C. (2010), S. 104
[33] Vgl. Vgl. Papenhoff, M.; Platzköster, C. (2010), S. 8
[34] Vgl. Ries, C. (2010), S. 31 f.

Die weltweiten Entwicklungen der letzten Jahre in den wirtschaftlichen, politischen und sozialen Instanzen führten dazu, dass den unternehmerischen Kommunikationskonzepten eine höhere Bedeutung als je zuvor zugerechnet wurde.[35] Die gegenwärtigen Möglichkeiten der globalen Kommunikation und Vernetzung bewirken zudem, dass Unternehmensgrenzen wesentlich gläserner und durchlässiger geworden sind. Organisationen treten heutzutage einer universellen Gemeinschaft gegenüber, deren kritische Meinung Kaufentscheidungen auf der ganzen Welt beeinflussen kann. Im Zeitalter der digitalen Mundpropaganda sind es demnach vielfach immaterielle Werte, wie Reputation und Image, die das Bild einer Unternehmung in der Gesellschaft prägen und Handlungsspielraum definieren.[36] Auch Unternehmenslenker kommen laut Meyer und Kirby nicht mehr umhin, Ihre Aufmerksamkeit den strategisch wichtigen Prozessen der externen Kommunikation zu widmen: „As the impacts of business on the environment, on society, and on individuals became too substantial to ignore in many realms, and cheaper and easier ways to measure those impacts were devised, the rules of doing business shifted. Considerations that hadn't previously complicated the plans of corporate leaders started getting factored in. In other words, it was no longer possible to ignore externalities."[37]

Es ist heute also unabdingbar, dass die externe Unternehmenskommunikation nicht nur als Marketing-Mix angesehen wird, sondern auch als gesellschaftspolitisches Sprachrohr, um die Unternehmenspersönlichkeit positiv nach außen zu vermitteln und so das Unternehmen im Wettbewerb zu positionieren.[38]

2.1.3 Zielgruppen und Instrumente

Grundsätzlich wendet sich der unternehmerische Kommunikationsprozess stets an die externen Stakeholder[39]. Dies können bspw. Kunden, Wettbewerber, Aktionäre oder Institutionen sein, die die Unternehmensstrategie beeinflussen oder umgekehrt von ihr betroffen werden. Auch die Bürger, Journalisten und Meinungsführer sind von relevanter Bedeutung, da sie das öffentliche Informationsinteresse widerspiegeln, betreuen und leiten.[40] Diese beziehen sich dabei wesentlich auf die Medien bzw. Medienvertreter, die wiederum darauf angewiesen sind genügend Informationsmaterialien und Sachverhalte von Unternehmen vorliegen zu haben.[41]

---

[35] Vgl. Mast, C. (2011), S. 67
[36] Vgl. Süss, W.; Zerfaß, A.; Dühring, L. (2011), S. 5 f.
[37] Meyer, C.; Kirby, J. (2010), Harvard Business Review, http://hbr.org/2010/04/the-big-idea-leadership-in-the-age-of-transparency/ar/1 (Stand: 14.05.2012)
[38] Vgl. Klug, S. U. (o.J.), Corporate Publishing, http://www.4managers.de/management/themen/corporate-publishing/ (Stand: 14.05.2012)
[39] Englisch für Anspruchsgruppen
[40] Vgl. Allgäuer, J. E.; Larisch, M. (2011), S. 369
[41] Vgl. Ries, C. (2010), S. 48

15

Damit diese Meinungsbildung stattfinden kann, greift die externe Unternehmenskommunikation auf eine Auswahl an Instrumenten zurück, die eine verbale oder nonverbale Kommunikation zwischen dem Unternehmen und seiner Umwelt ermöglichen. Klassische Aktivitäten hierbei sind Pressemitteilungen, Printmedien, Sponsoring im kulturellen Bereich, Mailings, Veranstaltungen, Besuche von Messen und persönlicher Kontakt zu Geschäftspartnern.[42] Die heutige Popularität von Social Media zwingt jedoch Unternehmen zur zusätzlichen Integration dieser Variable und folglich zum Umdenken in eine zweiseitige Kommunikation. Deutlich wird dies durch einen Blick auf die aktuelle Reichweite der Social Media Kanäle. Mehr als die Hälfte der Weltbevölkerung ist jünger als 30 Jahre[43] und davon verwenden 96% der Internetnutzer mindestens eine soziale Netzwerkanwendung.[44] Da die Zugriffszahlen auf soziale Netzwerke momentan Höchstwerte erzielen, liegt in der vorliegenden Studie auf diesem Instrument ein besonderes Augenmerk.

2.2 Grundlagen der Social Media

In den nachfolgenden Kapiteln bis einschließlich 2.2.3 werden die Grundlagen der sozialen Netzwerke näher beleuchtet. Dabei wird zuerst auf das Web 2.0 als Voraussetzung eingegangen, anschließend die Begrifflichkeiten der Social Media erläutert und zuletzt die Relevanz und Herausforderungen jener illustriert.

2.2.1 Das Web 2.0 als Voraussetzung für Social Media

Im Zuge der Weiterentwicklung des Internets ist vor allem der Begriff *Web 2.0* wesentlich, welcher die Rahmenbedingungen der täglichen Kommunikation signifikant veränderte. Diese Bezeichnung beschreibt nicht, wie zuerst vermuten lässt, eine technische Weiterentwicklung des Web 1.0, sondern kennzeichnet vielmehr die Weiterentwicklung menschlicher sozialer Bedürfnisse unterstützt durch technische Entwicklungen.[45] Maßgeblich geprägt wurde dieser Begriff durch Tim O'Reilly, welcher 2005 in seinem Artikel »What is Web 2.0« die Merkmale, an denen Web 2.0-Anwendungen erkennbar sind, erläuterte.[46] Demnach soll das neue Internet eine multimediale Plattform sein, die permanent auf diversen Endgeräten verfügbar ist und durch das Zusammenwirken aller Nutzer eine

---

[42] Vgl. Nagl, A. (2011), S. 58
[43] Vgl. o.V. (2012), U.S. & World Population Clocks,
http://www.census.gov/main/www/popclock.html (Stand: 14.05.2012)
[44] Vgl. o.V. (2011), BITKOM,
http://www.bitkom.org/67675_67667.aspx (Stand: 14.05.2012)
[45] Vgl. Stapelkamp, T. (2010), S. 395
[46] Vgl. O'Reilly, T. (2005), What Is Web 2.0,
http://oreilly.com/pub/a/web2/archive/what-is-web-20.html?page=1 (Stand: 14.05.2012)

kollektive Intelligenz darstellt. O'Reilly spricht von einer „architecture of participation"[47], die den entscheidenden Fortschritt gegenüber dem bisherigen WWW darstellt. Seiner Meinung nach verknüpft das Internet also nicht mehr nur Computer miteinander, sondern es verbindet die Menschen weltweit über alle Ländergrenzen hinweg.[48]

Der Ursprung des WWW findet sich bereits im Jahr 1969, als das amerikanische Verteidigungsministerium das sogenannte ARPAnet[49] ins Leben rief, um Universitäten miteinander zu verbinden. Das Ziel war es, ein revolutionäres Informationsnetz mit dezentraler Architektur zu schaffen und somit Wissen digital verbreiten zu können. Um weitere wissenschaftliche Einrichtungen ebenfalls zu vernetzen, wurde in den achtziger Jahren zudem das National Science Foundation Net ins Leben gerufen, welches 1983 erstmals als Internet bezeichnet wurde.[50] Durch die Kommerzialisierung des WWW Mitte der neunziger Jahre hat sich das Internet zu einem Massenmedium entwickelt und wurde laut Hansmann zu der größten jemals von Menschen geschaffenen Wissenssammlung der Welt.[51] Innerhalb kürzester Zeit kam es zu einer immensen Reduzierung der Nutzungsgebühren[52], einer deutlichen Erhöhung der Übertragungsgeschwindigkeit[53] und einem rapiden Anstieg der Nutzerzahlen.[54] Infolgedessen hat sich auch das Nutzerverhalten stark verändert. Bisherige Konsumenten waren nun erstmals dazu bereit, sich eine Online-Identität anzulegen, um auch selbst Inhalte zu verfassen, Meinungen preiszugeben oder Produkte zu bewerten – die Grundlage für das Web 2.0.[55]

Es liegt auf der Hand, dass ein solch technologischer und gesellschaftlicher Wandel auch Chancen für die Wirtschaft mit sich bringt.[56] Das Internet bietet den Unternehmen effektive, vergleichsweise kostengünstige und dabei hochflexible Vertriebskanäle und Marketing Möglichkeiten.[57] Heutzutage ist es mit nur wenigen Klicks möglich, den Markt für seine Produkte zu erweitern bzw. neue Geschäftsmöglichkeiten und Märkte zu erschließen. Darüber hinaus sprechen die permanente Erreichbarkeit und die dadurch verbesserte Kundenbeziehung für ein wirtschaftliches Agieren im Netz. Auch das Unternehmensimage profitiert von der digitalen Darstellung des Profils, der Leistung und des Angebots, was

---

[47] O'Reilly, T. (2005), Web 2.0: Compact Definition?,
http://radar.oreilly.com/archives/2005/10/web-20-compact-definition.html (Stand: 14.05.2012)

[48] Vgl. Bernauer, D. u.a. (2011), S. 19
[49] Advanced Research Projects Agency Network
[50] Vgl. MacDonald, M. (2009), S. 9 ff.
[51] Vgl. Hansmann, F. (2010), S. 7
[52] Siehe Anhang, Anlage 1, S. 62
[53] Vgl. Brogan, C. (2011), S. 40 f.
[54] Vgl. o.V. (2011), ARD/ZDF-Onlinestudie, http://www.ad-zdf-onlinestudie.de/ (Stand: 14.05.2012)
[55] Vgl. Hettler, U. (2010), S. 3
[56] Vgl. Franken, P. (o.J.), Web-2.0-Potenzial schlummert noch, http://www.isreport.de/it-strategie/der-nutzen-sozialer-netzwerke-im-internet-fuer-unternehmen.html (Stand: 14.05.2012)
[57] Vgl. Lammenet, E. (2009), S. 197

wiederum zu Wettbewerbsvorteilen gegenüber den Mitkonkurrenten führt. All diese Chancen lassen sich gegenwärtig auf die Social Media Plattformen übertragen, in welchen die Wirkung eines enormen Multiplikators steckt.[58]

2.2.2 Begrifflichkeiten

Dem Phänomen *Social Media* kann man sich auf verschiedene Weise nähern. Der lateinischen Sprache nach kommt der Begriff »Social« von »socius« (gemeinsam, verbunden, verbündet) und bezeichnet wechselseitige Bezüge als eine Grundlage des Zusammenlebens, insbesondere des Menschseins. »Media« hingegen stellt den Plural vom lateinischen Begriff »medium« (Mitte, Mittelpunkt) dar und steht somit für etwas in der Mitte Befindliches.[59] Einen Ausgangspunkt für eine Definition bieten Richter und Koch, die jedoch den Begriff Social Software verwenden. Sie verstehen darunter „Anwendungs-systeme, die auf Basis neuer Entwicklungen im Bereich der Internettechnologien und unter Ausnutzung von Netzwerk- und Skaleneffekten, indirekte und direkte zwischen-menschliche Interaktion… auf breiter Basis ermöglichen und die Beziehungen ihrer Nutzer im World Wide Web abbilden und unterstützen."[60] Anders als Richter und Koch, welche die Hauptargumente ihrer Definition auf die Beziehungsstrukturen legen, begründet Döbler die Social Software eher als Informationsmanagement und „webbasierte Lösun-gen…, die sich auf den Aufbau sozialer Netzwerke sowie Publikationen und Verteilung von Informationen innerhalb sozialer Netze konzentrieren."[61] Letztlich fasst Schmidt beide Bereiche zusammen und erweitert die Definition zusätzlich um das Identitätsmanagement, das die „(Teil-) Öffentlichkeiten hypertextueller[2] und sozialer Netzwerke"[62] als Anwendung unterstützt.

Den Definitionen zufolge lässt sich das breite Spektrum von Social Media also in folgende drei Managementbereiche unterteilen:[63]

• *Beziehungsmanagement:* Direkte und indirekte Kommunikation zwischen den Benutzern

• *Informationsmanagement:* Ermöglichung des Findens und Bewertens von Informationen

• *Identitätsmanagement:* Darstellung seiner selbst sowie Knüpfen/Pflegen von Kontakten

---

[58] Vgl. Westphal, J. (o.J.), Social Media Marketing für Unternehmen, http://www.experto.de/b2b/marketing/online-marketing/web-2-0/social-media-marketing-fuer-unternehmen-5-vorteile.html (Stand: 14.05.2012)

[59] Vgl. Bastoni, K. (2011), S. 6

[60] Richter, A.; Koch, M. (2007), S. 8

[61] Döbler, T. (2007), S. 9

[62] Schmidt, J. (2006), S. 2 (Anmerkung: Die im wörtlichen Zitat angegebene Fußnote [2], entspricht der original Fußnote des Quelltextes, in welcher erklärt wird, dass mit »hypertextuell« die Netz-werke gemeint sind, die durch Hyperlinks gebildet werden. Viele Angebote aus dem Bereich der Social Software stellen „Permalinks" zur Verfügung, über die einzelne Texte direkt adressiert werden können und nicht ganze Webseiten referenziert werden müssen.

[63] Vgl. Richter, A.; Koch, M. (2007), S. 12

Des Weiteren spielt aus Sicht der Kommunikationswissenschaftler auch die Veränderung des Sender-Empfänger Modells eine relevante Rolle. In sozialen Netzwerken ist jedes Mitglied Sender und Empfänger bzw. Rezipient und Inhaltsproduzent zugleich.[64] Daher entwickelte sich aus der früheren One-to-Many eine Many-to-Many-Kommunikation,[65] was bedeutet, dass an Stelle medialer Monologe mehr und mehr sozial-mediale Dialoge treten.[66] Aufgrund dieser interaktiven Prägung lässt sich Social Media auch als einen kollektiven Prozess definieren, der es Menschen ermöglicht, ihr Wissen und ihre Erfahrungen mit einer breiten Community[67] digital zu teilen und Resonanz von anderen Nutzern zu erfahren.[68]

2.2.3 Relevanz und Herausforderungen

Bis vor einiger Zeit wurde das Internet im Wesentlichen lediglich als Informationsmedium genutzt. In den vergangenen Jahren hat es sich jedoch immer mehr auf Sozialkontakte ausgerichtet und die Vernetzung von Gleichgesinnten vorangetrieben.[69] Zu Beginn dieses Wandels wurden beispielsweise Blogs[70] als wenig qualitativ angesehen und die Bedeutung dieses Mediums war von einer gewissen Geringschätzung geprägt.[71] Diese Grundhaltung hat sich jedoch durch die Popularität der sozialen Netzwerke deutlich geändert – so besteht heutzutage ein Viertel der Suchresultate für die 20 wichtigsten Marken aus Inhalten, die durch Benutzer selbst erstellt wurden. Hinzu kommt, dass 78% der Konsumenten den Empfehlungen von Anderen vertrauen, nur 14% den Werbekampagnen.[72] Auch die Schnelligkeit der Verbreitung von Inhalten stellt eine Besonderheit dar. Das Radio benötigte einst 38 Jahre, um ein 50-Millionen-Publikum zu erreichen, das Fernsehen 13 Jahre und das Internet lediglich vier.[73] Betrachtet man nun die Nutzerzahl von der Social Media Anwendung Facebook, welche jährlich um 200 Millionen Mitglieder steigt, wird die Relevanz sozialer Netzwerke deutlich.[74] Mit dieser Entwicklung ist Facebook aber kein Einzelfall, auch dem Kurznachrichtendienst Twitter treten allein täglich 460.000 neue Nutzer bei, wie z.B. der US-Schauspieler Charlie Sheen, der nach seiner Registrierung innerhalb von 25 Stunden und 17 Minuten eine Million Follower[75] gewonnen hat.[76]

---

[64] Vgl. Sen, E. (2012), S. 11
[65] Siehe Anhang, Anlage 2, S. 63
[66] Vgl. Heymann-Reder, D. (2011), S. 20
[67] Englisch für Gemeinschaft
[68] Vgl. Weinberg, T. (2011), S. 4
[69] Vgl. Weinberg, T. (2011), S. 4
[70] Synonym für Internet-Tagebuch
[71] Vgl. Jodeleit, B. (2010), S. 15
[72] Vgl. Stuber, R. (2010), S. 43
[73] Vgl. o.V. (o.J.), United Nations Cyberschoolbus: Vital statistics, http://cyberschoolbus.un.org/briefing/technology/index.htm (Stand: 14.05.2012)
[74] Vgl. o.V. (2011), Facebook Statistics, http://www.facebook.com/press (Stand: 14.05.2012)
[75] Englisch für Anhänger

In all den Social Media Plattformen führen Millionen von Menschen Dialoge miteinander, tauschen Erfahrungen aus, empfehlen Produkte oder sprechen über Marken. Allerdings erlangen erst durch die Aktivitäten der Mitglieder die Anwendungen überhaupt Attraktivität und können eine breite Sammlung an weltweiten Meinungen und Kritiken bieten. Das viel zitierte *Cluetrain Manifest*, welches von dem Verhältnis von Unternehmen und ihren Kunden im Zeitalter des Internets handelt, illustriert in seiner ersten These eine bedeutende Problematik der sozialen Netzwerke: „Markets are conversations."[77] Diese trivial erscheinende These deutet auf eine große Herausforderung des heutigen unternehmerischen Handelns hin. Die gegenwärtigen Zielgruppenmärkte müssen in Zeiten des Web 2.0 anders angesprochen werden, als je zuvor. Kunden vertrauen nicht mehr der bisherigen plakativen Werbewelt, sondern vertrauen eher auf Aussagen von Gleichgesinnten.[78] Des Weiteren finden die Gespräche im Rahmen der Netzöffentlichkeit statt, wodurch sie für jedermann einsehbar sind und nicht von den betroffenen Unternehmen gefiltert werden können.[79] Die Organisationen sind also keine anonymen oder abstrakten Institutionen mehr und müssen daher ihren Kommunikationsprozess – wie es zu Ursprüngen des Geschäftslebens bereits abgelaufen ist – als direkten Kontakt zwischen Anbieter und Konsument ausrichten. Somit kann die externe Unternehmenskommunikation nicht mehr nur in Form von klassischen PR-Maßnahmen stattfinden, sie muss mehr und mehr auf tägliche Gespräche mit den Social Media Nutzern erweitert werden.[80] Dabei gilt auch: „There are no secrets. The networked market knows more than companies do about their own products. And whether the news is good or bad, they tell everyone."[81] Demnach besteht für Unternehmen die Herausforderung darin, sich auf diese Ehrlichkeit einzulassen und einen öffentlichen Dialog mit den Internetnutzern auf Augenhöhe zu führen. Der *Social Media Code of Ethics* der Fachgruppe Social Media im Bundesverband Digitale Wirtschaft (BVDW) e.V. beinhaltet diesbezüglich sechs Punkte, die werbungtreibende Unternehmen im Umgang mit sozialen Netzwerken beachten sollten:[82]

• *Respekt:* Beachtung eines respektvollen Umgangs mit und unter den Akteuren

• *Sachlichkeit:* Begrüßung von themenbezogenen Inhalten und sachlicher Kritik

• *Erreichbarkeit:* Schnellstmögliche Reaktion auf Fragen, Anregungen und Kritiken

---

[76] Vgl. Stuber, R. (2010), S. 46
[77] Levine, R. u.a. (1999), Cluetrain Manifest,
    http://www.cluetrain.com/ (Stand: 14.05.2012)
[78] Vgl. Weinberg, T. (2011), S. 4 f.
[79] Vgl. Weinberg, T. (2011), S. 381
[80] Vgl. Pfeiffer, T.; Koch, B. (2011), S. 24
[81] Levine, R. u.a. (1999), Cluetrain Manifest,
    http://www.cluetrain.com/ (Stand: 14.05.2012)
[82] Vgl. o.V. (2009), Social Media Code of Ethics,
    http://www.bvdw.org/mybvdw/media/download/bvdw-sm-leifaden-code-of-ethics.pdf?file=1274
    (Stand: 14.05.2012)

- *Glaubwürdigkeit:* Mit öffentlichen Aussagen für Transparenz und Glaubwürdigkeit stehen

- *Ehrlichkeit:* Offener Umgang mit Fehlern und keine Verschleierung

- *Recht:* Respektierung der Nutzerrechte, insbesondere Urheber- und Datenschutz.

2.3 Potentiale von Social Media in der externen Unternehmens- kommunikation

In diesem Kapitel und den diesbezüglich fortführenden Kapiteln werden die Anwendungsmöglichkeiten und Chancen von Social Media im unternehmerischen Kommunikationsprozess dargestellt. Dabei werden vorab ausgewählte soziale Netzwerke vorgestellt und anschließend die Wettbewerbsvorteile anhand der Disziplinen Marketing und Werbung, Vertrieb und Kundengewinnung, Feedback und Image erörtert.

2.3.1 Ausgewählte soziale Netzwerke im Vergleich

Laut einer Studie des Deutschen Instituts für Marketing im Jahr 2011 lassen sich anhand der Wichtigkeit und des Einsatzes die verschiedenen Social Media Netzwerke in drei wesentliche Kategorien einordnen. Pflichtplattformen für die Unternehmenskommunikation sind demnach *Facebook*, *XING*, *Twitter*, *YouTube* und *Corporate Blogs*. Je nach Unternehmensziel sind Portale wie *LinkedIn*, *eigene Communities*, *Foren* sowie *Pod-* und *Videocasts* weitere geeignete Instrumente. Weniger verpflichtend sind *Wikis*, *Flickr*, die *VZ-Netzwerke* und *MySpace*, deren Einsatz als »Kür« angesehen werden kann. Die Abbildung 1 stellt die genannte Kategorisierung auf Basis von 587 befragten Unternehmen in grafischer Form dar:[83]

---

[83] Vgl. Bernecker, M. (2011), S. 7

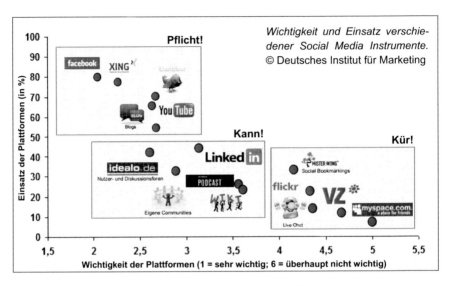

Abb. 1: Wichtigkeit und Einsatz der Social Media Plattformen[84]

Da die im Pflichtbereich eingeordneten Netzwerke zudem unter die fünf relevantesten[85] und beliebtesten[86] Anwendungen Deutschlands fallen, werden diese in den nachfolgenden Kapiteln näher analysiert.

2.3.1.1 Facebook

Gegründet wurde *Facebook* im Jahr 2004 von Mark Zuckerberg und den beiden Co-Gründern Dustin Moskovitz und Chris Hughes. Ursprünglich wurde die Plattform als lokales College-Netzwerk für Studenten der Harvard University in Cambridge eingesetzt. Zu Beginn war es den Nutzern nur möglich, einfache Profilseiten zu erstellen, doch auf Wunsch hin wurden neue Funktionen, wie Veranstaltungen, Gruppen und Fotoalben hinzugefügt. Noch im Gründungsjahr breitete sich Facebook auf die Universitäten Columbia, Standford und Yale aus und erreichte somit knapp eine Million aktive Mitglieder. Nachdem der Unternehmenssitz nach Palo Alto, Kalifornien verlegt wurde, ging das Wachstum durch die Integration anderer Netzwerke rasant weiter. Im Jahr 2007 wurden zahlreiche Anwendungen mit der Plattform verknüpft und die Werbeschaltung – Facebooks Haupteinnahmequelle – kam hinzu.[87] Ein Jahr später waren schon 100 Millionen Menschen weltweit aktiv und das Unternehmen schaltete zusätzliche Länderversionen

---

[84] In Anlehnung an: Bernecker, M. (2011), S. 8
[85] Siehe Anhang, Anlage 3, S. 64
[86] Vgl. Baumann, T. (2011), Die wichtigsten und beliebtesten Social Media Plattformen in D., http://www.myheimat.de/frankfurt-am-main/ratgeber/was-sind-die-wichtigsten-und-beliebtesten-social-media-plattformen-in-deutschland-d2234121.html (Stand: 14.05.2012)
[87] Vgl. Schillinger, R. (2010), S. 29

frei, darunter die Deutsche. Diese schnelle Ausdehnung führte im September 2011 zu der Überschreitung der 800-Millionen-Nutzer-Marke und die enorme Popularität ließ bis zur heutigen Zeit keineswegs nach.[88] So teilen die Mitglieder in jeder einzigen Minute rund 50.000 Links, verschicken 74.000 Eventeinladungen, schreiben 79.000 Freunden auf deren Pinnwand, versenden 99.000 Freundesanfragen, senden 232.000 Nachrichten und verfassen 510.000 Kommentare. Bei diesen Zahlen ist es nicht verwunderlich, dass die Plattform in den USA mehr Datenverkehr als Google verursacht.[89] Weitere Statistiken belegen, dass das Netzwerk seit der Gründung allein in Deutschland über 22 Millionen Mitglieder gewonnen hat. Täglich loggen sich ca. 15 Millionen deutsche Nutzer ein – darunter ähnlich viele Frauen wie Männer. Zwar ist die Anwendung bei der jüngeren Generation (unter 30 Jahren) sehr beliebt, jedoch ist die Streuung des Alters im Allgemeinen relativ ausgeglichen. Mittlerweile ist Facebook in 70 verschiedenen Sprachen verfügbar und in seiner kurzen Geschichte zum beliebtesten Social Media Netzwerk der Welt herangewachsen.[90]

Mittlerweile lässt sich immer mehr beobachten, dass das Internet mit seinen Nutzungsmöglichkeiten in Facebook hinein verlagert wird. Die Mitglieder verwalten ihr persönliches Profil, schreiben E-Mails, tauschen Fotos, spielen, bewerten, kommentieren und rufen Informationen zu Unternehmen bzw. Marken ab, statt direkt auf die Unternehmenswebseite zu gehen. 47% der Nutzer sind auch Fan einer Markenseite, wodurch sich unter anderem der Rückgang der Zugriffszahlen auf Firmenhomepages von 85% im Jahr 2008 auf ca. 75% im Jahr 2010 erklären lässt.[91]

Facebook bietet daher als Werbemedium für die externe Unternehmenskommunikation ein gewaltiges Potential. Den offiziellen Vertretern einer Organisation ist es möglich, eine sogenannte Fanpage[92] zu erstellen, welche neben einer Pinnwand weitere optionale Reiter enthält.[93] Wie die im Anhang befindliche Anlage 4 zeigt, werden dort Informationen zur Unternehmung, Anschrift, Webseite und zu den Aufgabenfeldern hochgeladen.[94] Interessiert sich ein Nutzer für eine Marke oder ein Produkt, so kann er sich durch den »Gefällt mir« Button mit dem Unternehmen verbinden und alle Statusupdates des Unternehmens zukünftig erhalten. Er bekommt von nun an aktuelle Nachrichten über die ausgewählte Fanpage auf seiner personalisierten Startseite angezeigt. Um Fans zu

---

[88] Vgl. o.V. (2011), Facebook Statistics,
http://www.facebook.com/press (Stand: 14.05.2012)
[89] Vgl. Stuber, R. (2010), S. 44 f.
[90] Vgl. o.V. (2012), Soziale Netzwerke in Deutschland – Nutzerzahlen,
http://www.socialmediaagency.de/2012/01/soziale-netzwerke-in-deutschland-%E2%80%93-
nutzerzahlen/ (Stand: 14.05.2012)
[91] Vgl. Weinberg, I. (2011), S. 171
[92] Englisch für Fanseite
[93] Vgl. Schwindt, A. (2010), S. 203
[94] Siehe Anhang, Anlage 4, S. 65

generieren und auf die Seite aufmerksam zu machen benötigen Marketingfachleute jedoch eine Art Kampagne, wie z.B. in Form von Gewinnspielen oder Gutscheinen. Dadurch werden die Mitglieder dazu bewegt, den »Gefällt mir« Button zu drücken, was wiederum für alle Freunde des Nutzers sichtbar ist und jene möglicherweise ebenfalls Gefallen an der Fanpage finden.[95] Ist ein Unternehmen soweit, dass es eine gewisse Fangemeinschaft vorweisen kann, eignet sich Facebook hervorragend für flexible, günstige und schnelle Marketingaktionen. Jedoch ist es wichtig zu wissen, dass die ursprüngliche Community aus Nutzern bestand, welche ihre persönlichen Verbindungen über diese Plattform ausbauen wollten. Weil aber erst später Marketingfachleute begannen, sich mit diesem Portal auseinander zu setzen, sollte vorsichtig vorgegangen werden.[96] Es könnte von Mitgliedern als störend empfunden werden, wenn eine Organisation beharrlich versucht, den Fans ihre Dienstleistungen zu verkaufen. Das Verhalten in sozialen Netzwerken, besonders bei Facebook, ist heute wichtiger denn je. Daher agiert man als Unternehmen am erfolgreichsten, wenn man sich langfristig engagiert und authentisch darstellt.[97]

2.3.1.2 XING

Die offene Internetplattform *XING* – zu Beginn noch unter dem Namen »Open Business Club« – wurde im August 2003 von Lars Hinrichs ins Leben gerufen und öffnete ihre digitalen Tore am 1. November desselben Jahres. Von Beginn an ist das Unternehmen stark gewachsen und betrieb in geographischer Hinsicht eine kontinuierliche Expansionsstrategie. So erfolgte im Jahr 2005 der Eintritt in den chinesischen Markt und die Einführung multilingualer Versionen in 16 Sprachen.[98] Neben Überschreitung der Eine-Millionen-Nutzer-Marke ist der Börsengang im Jahr 2006 als Meilenstein der Unternehmung hervorzuheben. Heutzutage hat XING nach eigenen Angaben über elf Millionen Mitglieder, davon allein im deutschsprachigen Raum rund vier Millionen.[99] Es wurde schnell zu einer der beliebtesten europäischen Internetplattformen, welche brachen- und länderübergreifend betrieben wird und sich auf die geschäftliche Basis fokussiert.[100] Gegenwärtig ist das Netzwerk durch den Aufbau eigener Landesgesellschaften in Deutschland, Spanien, China sowie der Schweiz und der Türkei vertreten. Vom Hauptsitz in Hamburg unterhält es rund 450 Mitarbeiter aus 27 Nationen und bietet seinen Service in Deutsch, Englisch, Niederländisch, Französisch, Italienisch, Spanisch, Portugiesisch, Türkisch,

---

[95] Vgl. Ambühl, R. (2011), S. 21
[96] Vgl. Bartel, R. (2011), S. 344 f.
[97] Vgl. Weinberg, T. (2011), S. 172 f.
[98] Vgl. Weinberg, T. (2011), S. 199
[99] Vgl. o.V. (2011), XING AG Unternehmensinformationen,
    http://corporate.xing.com/deutsch/unternehmen (Stand: 14.05.2012)
[100] Vgl. Grabs, A.; Bannour, K. (2011), S. 258

Polnisch, Ungarisch, Schwedisch, Finnisch, Russisch, Chinesisch, Koreanisch und sogar Japanisch an.[101]

Laut des Erfinders stellt XING ein Spiegelbild unserer Gesellschaft dar. Dort können sich Menschen und Unternehmen auf professioneller Ebene präsentieren, in ihrer Branche festigen und in Diskussionen ihr Wissen und ihre Expertise zum Besten geben.[102] Ein XING-Profil richtet sich demnach nicht an Endkunden, an die eine Dienstleistung verkauft werden soll, sondern bietet vielmehr die Möglichkeit, sich auf geschäftlicher Ebene auszutauschen, Mitarbeiter und Kooperationspartner zu suchen oder das Know-How einer Firma darzustellen.[103] Berufstätige aller Branchen vernetzen sich auf XING, suchen und finden Jobs oder tauschen Meinungen in über 50.000 Expertengruppen zu verschiedenen Themen aus. Um dieses Leistungsspektrum nutzen zu können, registrieren sich neue Nutzer auf www.xing.de und laden ihre Profildaten zu den Kategorien »Über mich«, »Persönliches«, »Berufserfahrung«, »Referenzen und Auszeichnungen«, »Ausbildung«, »Web« und »Kontaktdaten« hoch. Anschließend können Kontakte über ein selbst aktualisiertes Adressbuch verwaltet, private Nachrichten empfangen, Termine organisiert und ein eigenes Gästebuch betrieben werden.[104] Die kostenpflichtige Premium-Mitgliedschaft ergänzt das beschriebene Angebot um das Anlegen eines umfangreicheren Profils, die Nutzung erweiterter Suchfunktionen, das Sehen von Profilbesuchern und das Schreiben privater Nachrichten an Nicht-Kontakte. Auch Restriktionen bei der Organisation von Terminen entfallen und störende Werbeeinblendungen werden aufgehoben.[105]

Im Frühjahr 2009 überraschte XING mit einer neuen Funktion: Waren von einem Unternehmen mehr als vier Mitarbeiter angemeldet, legte XING kostenlos und automatisch ein Unternehmensprofil an. Wenn nur zwei XING-Mitglieder die gleiche Firma als Arbeitgeber angegeben hatten, konnte ebenso eine Unternehmensseite auf Antrag erstellt werden.[106] Auf einen Blick war es nun möglich zu sehen, wer für ein Unternehmen arbeitet, wie lange und auf welcher Karrierestufe. Ein solches Profil fungiert als digitale Visitenkarte, denn es ist möglich, selbstständig das Logo einzubinden, den Unternehmensgegenstand zu beschreiben und freie Stellen auszuschreiben. Schon zum Start der Funktionen präsentierte das Portal mehr als 100.000 Unternehmensprofile, die durch die gleichen Firmenan-

---

[101] Vgl. o.V. (2011), XING AG Basisinformationen,
http://corporate.xing.com/deutsch/investor-relations/basisinformationen/auf-einen-blick/ (Stand: 14.05.2012)
[102] Vgl. Lutz, A.; Rumohr, J. (2011), S. 9
[103] Vgl. o.V. (2012), Soziale Netzwerke in Deutschland – Nutzerzahlen,
http://www.socialmediaagency.de/2012/01/soziale-netzwerke-in-deutschland-%E2%80%93-nutzerzahlen/ (Stand: 14.05.2012)
[104] Vgl. o.V. (2011), XING AG Unternehmensinformationen,
http://corporate.xing.com/deutsch/unternehmen (Stand: 14.05.2012)
[105] Vgl. o.V. (2012), XING AG Premium-Mitgliedschaft,
https://www.xing.com/app/billing?op=premium_overview (Stand: 14.05.2012)
[106] Vgl. Weinberg, T. (2011), S. 202

gaben der Mitglieder generiert wurden. Besonders für die Unternehmenskommunikation interessant ist die Update-Funktion. Mit dieser ist es möglich interessierte Nutzer über Neuigkeiten bzw. Produkte zu informieren, sie so auf das eigene Unternehmen aufmerksam zu machen und Geschäftsmöglichkeiten zu erschließen.[107] Auch das Erstellen von Veranstaltungen, an denen das Unternehmen teilnimmt, ist im Sinne der PR sehr sinnvoll. Bewährt hat sich dieses Vorhaben vor allem rund um Messen und öffentliche Events. Ein weiteres Element der Öffentlichkeitsarbeit auf XING ist das aktive Beteiligen an Expertengruppen und im Besonderen an Diskussionsforen innerhalb der Gruppen. Auf diese Art kann ein Unternehmen mit den Konsumenten in direkten Dialog treten und beispielsweise zu kritischen Fragen Stellung nehmen, Beratung zum Produkt anbieten oder Kundenpflege betreiben.[108] Neben XING, das im deutschsprachigen Raum die Marktführerschaft einnimmt, gibt es einen weiteren, dem europäischen Pendant sehr gleichenden Mitbewerber namens *LinkedIn*. Ursprünglich aus den USA stammend, hat dieses Netzwerk mittlerweile auch in Europa Fuß gefasst und zählt zu seinen 70 Millionen Mitgliedern rund 15 Millionen Europäer. Funktionen, Aufbau und Nutzen sind nahezu identisch mit jenen von XING, daher wird in der vorliegenden Studie nicht näher auf dieses Netzwerk eingegangen.[109]

2.3.1.3 Twitter

Der kostenlose Microblogging-Dienst[110] *Twitter* wurde im März 2006 von Jack Dorsey, Biz Stone und Evan Williams als Nebenprojekt in einer Podcast-Firma aus San Francisco entwickelt.[111] Ihr Ziel war es, eine einfache Anwendung zu schaffen, die den Nutzern die Möglichkeit bietet, über eine Art Statusfenster den Freunden vom eigenen Alltag zu berichten. Nach einer ausführlichen Testphase im eigenen Unternehmen startete das Projekt im Oktober desselben Jahres offiziell. Es meldeten sich zwar nach und nach Nutzer an, allerdings fehlte das breite öffentliche Interesse bzw. ein entscheidendes Ereignis, welches den Kurznachrichtendienst populär machen konnte. Mit der jährlichen Verleihung des »South by Southwest Web-Award« bei den Film- und Musikfestivals im Frühjahr 2007 änderte sich jedoch die Aufmerksamkeit um Twitter schlagartig.[112] Das Netzwerk gewann den begehrten Preis in der Kategorie Blog und Teilnehmer der Veranstaltung fingen an, sich über die Anwendung zu verabreden oder Bekannten von ihrem Alltag zu erzählen. Auch angesehene Unternehmen und Personen begannen Twitter zu nutzen und dafür Werbung zu machen, wodurch es zu einem außerordentlichen Wachs-

---

[107] Vgl. Lutz, A.; Rumohr, J. (2011), S. 15 f.
[108] Vgl. Bartel, R. (2011), S. 395
[109] Vgl. Grabs, A.; Bannour, K. (2011), S. 265
[110] Microblogging-Dienste sind Anwendung in denen Nutzer kurze Textnachrichten, meist unter 200 Zeichen lang, veröffentlichen können; vgl. Richter, A.; Koch, M. (2009), S. 57
[111] Vgl. O'Reilly, T. u.a. (2011), S. 5
[112] Vgl. Weinberg, T. (2011), S. 142

tum kam. Der Kurznachrichten-Dienst verdrängte penetrante Tools, wie den Instant Messenger und wurde zu einem viel genutzten Kommunikationsinstrument, denn man kann es nach Belieben ein- bzw. ausschalten. Des Weiteren besitzt es soziale Elemente, ist für die Mitglieder skalierbar und enthält Programmierschnittstellen zu diversen anderen Webanwendungen, welche die Benutzung vereinfachen.[113]

Infolgedessen breitete sich Twitter ebenfalls international aus, erfreute sich an einem immer größer werdenden Benutzerkreis und weist heutzutage sogar über 140 Millionen aktive Mitglieder auf.[114] Im gesamten deutschsprachigen Raum zählen etwa 320.000 Nutzer zu den aktiven Twitterern, wobei sich viele registrieren um das Portal auszuprobieren, verwenden es aber letztlich nicht. Der Umfang der aktiven Community ist also gering, jedoch trifft sich die internetaffine Zielgruppe von IT-Unternehmen, welche in der vorliegenden Studie von Relevanz ist, hauptsächlich auf dieser Social Media Plattform. Knapp die Hälfte der aus Deutschland, Österreich und der Schweiz stammenden Mitglieder arbeiteten mit Schwerpunkt Programmierung, Marketing oder in den Medien – hingegen sind der Vertrieb und Handel mit gerade einmal nur 3,9% vertreten. Twitter birgt also noch großes Potential in sich, denn 43,9% folgen einer Marke um beispielsweise exklusive Produktangebote oder Unternehmensinformationen zu erhalten. Darüber hinaus ist der Einsatz einer Twitter-Unternehmensseite ebenfalls sinnvoll, wenn die Kundschaft international oder insbesondere in Amerika vertreten ist.[115]

Die Menschen twittern über die US-Wahlen, Unternehmensfusionen, das Erdbeben auf Haiti oder andere Ereignisse des Weltgeschehens. Dabei werden sowohl professionelle als auch persönliche Kommunikationsbedürfnisse befriedigt – schließlich kann man nicht nur Barack Obama oder der Deutschen Lufthansa folgen, sondern auch Statusupdates von Freunden und der Familie abrufen. Meinungsführer begannen sich ebenfalls an Diskussionen zu beteiligen und Marketingexperten erkannten, wie wertvoll es war mit Leuten aus der Branche in Verbindung zu treten und zu diskutieren. Unternehmen erfreuten sich an direktem Feedback zu ihren Produkten und merkten, dass die Plattform dazu geeignet war, potentielle Kunden zu erreichen und effektiven Kundendienst zu leisten.[116] Die Dialoge in Twitter sind öffentlich, finden ohne Hierarchie statt und die Organisationen können mit ihren Kunden auf Augenhöhe kommunizieren. Die Plattform ist unkonventionell und bietet seinen Nutzern somit direkten Kontakt und offenen Austausch. Es ist also beispielsweise kein Problem mit einem Firmenchef oder einer leitenden Person

---

[113] Vgl. Reißmann, O.; Lischka, K.; Stöcker, C. (2011), Meilensteine des Weitererzähl-Webs, http://www.spiegel.de/netzwelt/web/0,1518,751859,00.html (Stand: 11.05.2012)

[114] Vgl. Schulte, M. (2012), Twitter-Entwicklungsland, http://wissen.dradio.de/social-media-twitter-entwicklungsland.33.de.html?dram:article_id=15766 (Stand: 14.05.2012)

[115] Vgl. Grabs, A.; Bannour, K. (2011), S. 177

[116] Vgl. Weinberg, T. (2011), S. 141 f.

ins Gespräch zu kommen oder Organisationen auf direktem Wege anzuschreiben.[117] Konsumenten müssen jedoch beachten, dass es sich bei Twitter um einen Microblogging-Dienst handelt, welcher nur Kurznachrichten bis maximal 140 Zeichen zulässt. Es ist damit eigentlich kein klassisches soziales Netzwerk und nennt sich auch nicht ein solches, aber es entwickelt sich in diese Richtung wie das aktuelle Design und die erweiterten Funktionalitäten zeigen. Die Erlebnisse, Erfahrungen und Meinungen der Mitglieder werden prägnant kommuniziert und verhelfen anderen zu einem schnellen Überblick über das Feedback zu bestimmten Produkten.[118]

Twitter hat mit den gängigen Suchmaschinen eine Abmachung getroffen, dass Beiträge in die sogenannte Realtime Search[119] aufgenommen werden. Ein soeben veröffentlichter Nutzer-Kommentar kann nun innerhalb von Minuten auf Google und Co. gefunden werden und das betroffene Unternehmen erreicht einen höheren Stellenwert bei Internetrecherchen. Marketingexperten bedienen sich daher gerne an diesem Instrument der Unternehmenskommunikation, um dem Zielpublikum neue Dienstleistungen und Produkte nahebringen zu können und den Bekanntheitsgrad des Unternehmens zu steigern.[120]

2.3.1.4 Youtube

Am 15. Februar 2005 wurde *Youtube* von den ehemaligen PayPal-Mitarbeitern Chad Hurley, Jawed Karim und Steve Chen gegründet und bereits ein Jahr später für 1.65 Milliarden Dollar an Google verkauft. Die Idee der jungen Männer bestand darin, eine Plattform zu erschaffen, auf welcher sie nach einer Party ihre Fotos und Videoclips miteinander teilen konnten. Das schnelle Wachstum der Internetseite ist vor allem der exzessiven Verteilung lustiger Kurzfilme zu verdanken.[121] Diese ist mittlerweile so groß, dass dort von Nutzern täglich über eine Million neuer Videos hochgeladen und rund vier Milliarden Clips abgespielt werden. 2011 verzeichnete das Unternehmen mehr als eine Billion Aufrufe, was knapp 140 Aufrufe jedes Menschen der Erde entspricht.[122] Zwar nennt Google die bestehende Anzahl an Benutzerkonten nicht, aber es kann davon ausgegangen werden, dass weltweit mindestens 200 Millionen Menschen registriert sind und somit eigene Filme einstellen können. Laut den Regularien kann grundsätzlich jeder Teilnehmer so viele Videos einstellen, wie er will. Hierbei muss jedoch berücksichtigt werden, dass

---

[117] Vgl. Grabs, A.; Bannour, K. (2011), S. 173
[118] Vgl. Bartel, R. (2011), S. 366 f.
[119] Suchfunktion, in welcher Informationen ausgegeben werden, die nur im Moment ihrer Aktualisierung relevant sind und deren Informationswert zeitkritisch ist; vgl. Edelkamp, S.; Schrödl, S. (2012), S. 465
[120] Vgl. Wilson, M. L. (2012), S. 82
[121] Vgl. Janosch, L. (2012), 7 Jahre Youtube, http://www.radiohna.de/alles-gute-du-rohre/ (Stand: 14.05.2012)
[122] Vgl. o.V. (2012), Youtube Pressebereich, http://www.youtube.com/t/press (Stand: 14.05.2012)

die Dateien öffentlich zugänglich sind und von jedem Internetbenutzer betrachtet werden können.[123]

Die Rolle des Unternehmens beschränkt sich darauf, die dafür benötigten Kapazitäten, wie z.B. Hardware oder Bandbreite zur Verfügung zu stellen und somit den Betrieb des Portals zu ermöglichen. Mit steigender Beliebtheit sind jedoch die Kosten immens angewachsen und Youtube konnte bislang noch keine nennenswerten Einnahmen erzielen, um die Kosten zu decken.[124] Zwar erwirtschaften die integrierten Anzeigen einen Jahresumsatz von fünf Milliarden Dollar, aber das Unternehmen schüttet jährlich Millionenbeträge an 30.000 Partner aus 27 Ländern aus. Hinzu kommt, dass der Energieverbrauch der gigantischen Serverfarmen mit dem der Stadt Kassel gleichzusetzen ist.[125]

Youtube ist ein klassisches Beispiel für Social-Sharing-Plattformen, also solche, die ihren Nutzen aus dem Teilen der Ressourcen mit der gesamten Öffentlichkeit ziehen und eine gemeinsame Bewertung bzw. Ordnung der Inhalte zulassen. Dazu kommt, dass das Teilen der Inhalte nicht nur auf das Portal selbst beschränkt ist, sondern Nutzer die Möglichkeit haben, Videos direkt auf anderen Internetseiten einzubinden.[126] Diese Verbreitung macht Youtube bei der täglichen Internetnutzung beinahe unumgänglich und führt dazu, dass die Menschen im Alter zwischen 18 und 34 Jahren ca. 15 Minuten pro Tag auf der Plattform verbringen.[127] Da die Mitglieder meist passiv agieren und mehr Inhalte empfangen als sie selbst verbreiten, wird es häufig nicht zu den sozialen Netzwerken gezählt. Folgt man aber der Beschreibung des Social Media Experten Warren Knight, sind folgende Merkmale für ein soziales Netzwerk maßgeblich:[128]

• Erstellung und Verwaltung eines persönliches Profils

• Kontaktliste, zu der andere Mitglieder hinzugefügt werden können

• Ereignismeldungen bzw. Statusupdates zur Reflektion persönlicher Gedanken

• Möglichkeit zum Eintritt in Diskussionsgruppen um Meinungen zu äußern

Auf Youtube treffen die soeben genannten Merkmale zu und es kann somit innerhalb der vorliegenden Studie zu den sozialen Netzwerken gezählt werden.[129] Rund 37% der größten deutschen Marken, festgemacht an den Werbeausgaben, verwenden Youtube in der externen Unternehmenskommunikation. Sie lassen sich von Marketingfachleuten

---

[123] Vgl. Bartel, R. (2011), S. 415 f.
[124] Vgl. Maaß, C. (2008), S. 35
[125] Vgl. Janosch, L. (2012), 7 Jahre Youtube,
http://www.radiohna.de/alles-gute-du-rohre/ (Stand: 14.05.2012)
[126] Vgl. Vogelsang, A., Minder, B.; Mohr, S. (2011), S. 40
[127] Vgl. Grabs, A.; Bannour, K. (2011), S. 279
[128] Vgl. Knight, W. (2011), S. 20 ff.
[129] Vgl. Niemann, J. (2011), Youtube nach dem Relaunch,
http://www.taz.de/!83109/ (Stand: 14.05.2012)

einen eigenen Videokanal innerhalb der Plattform einrichten und veröffentlichen über diesen produktbezogene Filme oder Werbespots. Die Anzahl der hochgeladenen Videos schwankt dabei zwischen zwei und 430, wobei im Durchschnitt ca. 50 Filme von den Unternehmen eingestellt werden.[130]

Eine generelle Thematik bei der Verbreitung von multimedialen Inhalten über das Internet ist die Urheberrechtsverletzung. Viele Nutzer laden Material hoch, für welches sie keine Verbreitungsrechte besitzen, wie beispielsweise TV-Mitschnitte. Zwar hat Youtube inzwischen mit einem automatischen Copyright-Filter reagiert, jedoch entgeht diesem maschinellen Verfahren des Öfteren unberechtigt eingestelltes Material, sodass straf-rechtliche Folgen für Mitglieder entstehen können. Unternehmen, welche die Plattform als Kommunikationsinstrument nutzen, müssen sich daher stets bewusst sein, dass nur Material verwendet werden darf, dessen Nutzungsrechte gesichert sind.[131] Eine weitere Schwierigkeit ist, dass Youtube zwar als „die zweitgrößte Suchmaschine weltweit"[132] bezeichnet wird, jedoch ist es nur in geringem Maße dabei hilfreich den Datenverkehr der eigenen Unternehmensseite zu steigern. Zuschauer sehen darin immer noch hauptsäch-lich ein Entertainment Portal und recherchieren lieber weitere Videos, als dass Sie auf Informationen des Anbieters zurückgreifen.[133]

2.3.1.5 Corporate Blogs

Das Wort »Blog« ist eine Abkürzung für den gleichbedeutenden Begriff »Weblog«. Darin steckt neben dem Wort »Web«, welches kurz für das World Wide Web steht, die Silbe »Log«, die von dem seemännischen Logbuch bekannt ist. In solch einem Logbuch schreibt der Kapitän eines Schiffes die für die Fahrt relevanten Ereignisse nieder und stellt jedem Eintrag das Datum, die Uhrzeit und Position voran. In Verbindung mit dem Internet kommt dem Wort Weblog eine ähnliche Bedeutung zu. Es ist eine Art Internettagebuch, in welchem der Autor regelmäßig Beiträge in umgekehrter chronologischer Reihenfolge veröffentlicht.[134] Dem oben genannten Many-to-Many Modell zufolge ermöglichen Blogs außerdem den Lesern zu jedem Inhalt einen Kommentar zu hinterlassen und somit darauf zu reagieren. Die vorliegende Studie fokussiert gezielt sogenannte *Corporate Blogs*, also solche Blogs, die direkt im Namen eines Unternehmens beispielsweise von Managern, Mitarbeitern oder Marketingfachleuten betrieben werden.[135]

---

[130] Vgl. Nicolai, A. T.; Vinke, D. (2010), S. 17
[131] Vgl. Roebers, F.; Leisenberg, M. (2010), S. 99 f.
[132] Stuber, R. (2010), S. 47
[133] Vgl. Donath, A. (2010), YouTube führt zu nix – belegt, http://www.webvideomarkt.de/2010/06/16/youtube-fuhrt-zu-nix-belegt/ (Stand: 14.05.2012)
[134] Vgl. Grabs, A.; Bannour, K. (2011), S. 125
[135] Vgl. Bartel, R. (2011), S. 122 f.

Blogs gibt es schon seit Mitte der neunziger Jahre, mittlerweile wird die weltweite Anzahl auf knapp 200 Millionen geschätzt.[136] Blogs entstanden nahezu zeitgleich mit der Kommerzialisierung des WWW – so auch der heute als erster angesehene Weblog von Tim Berners-Lee,[137] dem Miterfinder des Internets. Er hielt in seinem webbasierten Tagebuch die Entwicklung der Internettechnik in Form von chronologisch strukturierten Seiten fest. Zu dieser Zeit war die Erstellung jedoch noch erheblich komplizierter und zeitintensiver als heute. Nur wer Kenntnisse in der Programmiersprache HTML[138] besaß und auch herkömmliche Internetseiten entwickeln konnte, war auch in der Lage, einen eigenen Blog zu kreieren.[139] Aus diesem Grund waren bis hin zum Jahr 1999 nur ungefähr 25 Weblogs online, welche aus einer Mischung von Verweisen und selbstgeschriebenen Kommentaren bestanden. Technologische Weiterentwicklungen katalysierten den Siegeszug des Netztagebuchs jedoch entscheidend. So wurde im Juli 1999 das Softwaretool Pitas entwickelt, das bis dato das einzige Programm zur Erstellung eines eigenen Weblogs war. Auch diejenigen, die über wenige Programmierkenntnisse verfügten, konnten von nun an am Bloggeschehen teilnehmen.[140] Die Popularität dieses Kommunikationsmittels stieg rasant im Zusammenhang mit Krisenereignissen, wie dem 11. September 2011 oder dem darauffolgenden Irakkrieg und förderte die Entwicklung der Blog-Community. Darüber hinaus trugen die politischen Geschehnisse zu einer erhöhten Politisierung bzw. Professionalisierung der Blogs bei und die zunehmende Aufmerksamkeit von politischen Institutionen und Unternehmen steigerten den Bekanntheitsgrad um ein Weiteres. Viele soziale Netzwerke haben heutzutage ein Blogwerkzeug integriert und die Autoren werden für Marketingtreibende immer wichtiger. Bereits im Jahr 2007 waren die Weblogs für ca. 77% der deutschen Internetnutzer ein Begriff und die Hälfte las regelmäßig in ihnen – laut dem Wave Report lag die Lesequote im Jahr 2010 sogar über 80%.[141] Heutzutage, da viele Menschen in Blogs Rat und Hilfe suchen, Feedback, Kommentare und Meinungen veröffentlichen, schreiben Autoren nicht mehr nur in eigener Sache, sondern nehmen unter anderem die Rolle von Journalisten ein. Schon seit einigen Jahren tritt ein neuer Stil der Berichterstattung vor: Blogs übermitteln Nachrichten schneller als traditionelle Medien, denn Blogschreiber haben nicht so einen erheblichen redaktionellen Aufwand wie Printmedien. Aufgrund dieses Wandels beginnen auch klassische Medien mehr und mehr Weblogs zur Ergänzung und Unterstützung der eigenen Recherchen zu verwenden. Seit der Erfolgsgeschichte von Twitter (siehe Kapitel 2.3.1.3) hat sich dieser Trend noch

---

[136] Siehe Anhang, Anlage 5, S. 66
[137] Vgl. Berners-Lee, T. (1990), The website of the world's first-ever web server, http://info.cern.ch/ (Stand: 14.05.2012)
[138] Hypertext Markup Language
[139] Vgl. Gardner, S.; Birley, S. (2009), S. 68
[140] Vgl. Douglass, R. T.; Little, M.; Smith, J. W. (2006), S. 371
[141] Vgl. Parker, G.; Thomas, L. (2010), Wave 5 – The Socialisation Of Brands, http://umww.com/global/knowledge/view?Id=128 (Stand: 14.05.2012)

einmal verstärkt und das WWW hat die Zeitung als informativste Nachrichtenquelle bereits abgelöst. Hinzu kommt, dass Medienjournalisten auch in der digitalen Welt nur dann Erfolg haben, wenn sie die aktuellen Neuigkeiten aus den Blogosphären filtern.[142]

In der externen Unternehmenskommunikation stehen den Marketingfachleuten zwei Varianten zur Verfügung, um an die Blogosphäre heranzutreten. Zum einen kann ein eigener Corporate Blog erstellt und selbst vorgegeben werden, worüber die Leser diskutieren sollen. Dadurch ist es möglich, das eigene Unternehmen entsprechend zu positionieren, mit den Kunden einen öffentlichen Dialog auf Augenhöhe zu führen und somit mehr Vertrauen bei den Zielgruppen zu erwecken. Zum anderen kann beobachtet, mitgelesen oder zugehört werden, was andere Internetnutzer in branchenspezifischen Blogs über das eigene Unternehmen kundgeben.[143] Es sollte aufmerksam untersucht werden, welche Themenfelder in welcher Art und Weise besprochen werden, welche Positionen und Gegenpositionen vertreten sind und insbesondere, wie die eigene Organisation, die Marke, das Produkt und die Mitarbeiter wahrgenommen werden. Interessant ist es auch, wenn Kunden bei der Diskussion über Produkte Verbesserungsvorschläge einbringen. Beginnt ein Unternehmen über den Weblog darauf einzugehen und dadurch zeigt, dass es sich für die Meinung Anderer interessiert, wird wiederum das Vertrauen der Käufer in das Produkt gestärkt. Prinzipiell ermöglicht dieses Kommunikationsinstrument aber nicht nur die Kundennähe zu steigern, sondern auch die Unternehmensphilosophie zu publizieren.[144]

2.3.2 Wettbewerbsvorteile

Mit Social Media in der externen Unternehmenskommunikation ist es möglich, intensive Kundenbeziehungen aufzubauen, zu verstärken und sie für Außenstehende transparenter zu machen. Verwenden Organisationen dieses Medium als Dialoginstrument, haben sie gegenüber Marken und Firmen, die nicht in sozialen Netzwerken agieren, einen enormen Wettbewerbsvorteil. Als Marketinginstrument ist es zudem wesentlich effektiver als klassische Werbung, nicht nur weil es den Kunden ein direktes Feedback ermöglicht, sondern auch weil es bedeutend kostengünstiger ist.[145] Unternehmen sind nicht mehr von Agenturen oder Journalisten abhängig, sondern können eigene Nachrichten veröffentlichen und verbreiten. Ein weiterer Nutzen ist die sonst sehr zeitintensive Erfolgsmessung,

---

[142] Vgl. Weinberg, T. (2011), S. 100
[143] Vgl. Adler, M. (2011), Online-Marketing – Kommunikation auf Augenhöhe,
   http://www.online-marketing-blog.eu/2011/08/online-marketing-kommunikation-auf-augenhohe/
   (Stand: 14.05.2012)
[144] Vgl. Grabs, A.; Bannour, K. (2011), S. 127 f.
[145] Vgl. Frère, E.; Leonhardt, S.; Reuse, S. (2012), S. 4 ff.

die bei Social Media mit modernsten Analyseprogrammen von den zuständigen Mitarbeitern einfach durchgeführt und ausgewertet werden kann.[146]

In den folgenden Kapiteln werden die Wettbewerbsvorteile der Disziplinen Marketing und Werbung, Vertrieb und Kundengewinnung, Feedback und Image näher beleuchtet.[147]

2.3.2.1 Marketing und Werbung

Ein großer Vorteil von Social Media liegt darin, dass Kunden gezielt angesprochen werden können und das zu einem vergleichbar geringen Preis. Denn jedes Mitglied eines sozialen Netzwerkes teilt über die Interaktion seine Profildaten, Interessen und Belange mit. Für Marketingtreibende ist dies die perfekte Werbeumgebung, um zielgruppenspezifische Anzeigen zu schalten und Streuverluste zu minimieren. Bei der heutigen Reizüberflutung durch Werbung ist es wichtig, dass die Kampagne auf den Konsumenten motivierend wirkt und speziell auf seine Belange abgestimmt ist, damit sein Interesse überhaupt noch geweckt wird. Daher versuchen Unternehmen, die Online-Werbung gezielt nach Hobbys, Geschlecht, Alter und Vorlieben der Benutzer einzublenden – diese Form von Kundenansprache wird auch Behavioral Targeting genannt.[148]

Ein weiterer wichtiger Aspekt für den Einsatz sozialer Netzwerke im Marketing ist die erhebliche Reichweite der Werbeaktionen. Platziert ein Unternehmen beispielsweise einen verknüpften »Gefällt mir« Button auf dessen Homepage und ein Nutzer drückt diesen, teilt er im Schnitt 130 Facebook-Freunden mit, dass ihm der Unternehmensauftritt gefällt.[149] Das Weiterempfehlen von Informationen und Inhalten, ähnlich dem viralen Marketing, war noch nie so einfach, wie heute. Ein unterhaltsames Video, ein hilfreicher Blogeintrag, ein interessanter Nachrichtenartikel – wenn aus Sicht der Konsumenten etwas empfehlenswert ist, dann wird es weiterempfohlen, schließlich geht es schnell, ist kostenlos und einfach noch dazu. Organisationen können mit Hilfe von Social Media die Reichweite ihrer Marke und Unternehmensphilosophie um ein Vielfaches erhöhen. Während sie früher nur Kunden vor Ort, Zeitungsleser oder Newsletter-Empfänger als Zielgruppen hatten, besteht heutzutage ein Millionenpotential an Empfängern, was vielen Firmen noch gar nicht bewusst ist.[150]

Suchmaschinen, wie Google oder Bing geben den Social Media Plattformen aufgrund von Realtime Search eine immer größere Gewichtung. Facebook- und Twitter-Beiträge

---

[146] Vgl. Bender, J. (2012), ROI & Social Media – wie der Erfolg von eigenen Communities gemessen wird, http://www.social-business-blog.de/2012/01/roi-social-media-wie-der-erfolg-von-eigenen-communities-gemessen-wird/ (Stand: 14.05.2012)
[147] Vgl. Grabs, A.; Bannour, K. (2011), S. 29 ff.
[148] Vgl. Powell, G. R.; Groves, S. W.; Dimos, J. (2011), S. 65 f.
[149] Vgl. Wiens, B. (2012), Facebook: die neue Kirche?, http://www.heise.de/tp/artikel/36/36063/1.html (Stand: 14.05.2012)
[150] Vgl. Heymann-Reder, D. (2011), S. 17 ff.

werden in Echtzeit gescannt, damit die Inhalte innerhalb von Sekunden von interessierten Lesern gefunden werden können. Auch das Veröffentlichen von Videos, Fotos oder Musikdateien beeinflusst die gängigen Suchmaschinen positiv und führt somit zu einem höheren Ranking.[151] Unternehmen haben dadurch die Chance, nicht mehr nur durch die eigene Firmenhomepage in den relevanten Suchergebnissen präsent zu sein, sondern auch durch Inhalte des Social Webs. Dies führt wiederum zu mehr Traffic[152] bzw. mehr Webseitenbesucher und somit auch zu einer erhöhten Anzahl an potentiellen Käufern. Organisationen sollten jedoch darauf achten, die Nutzer nicht penetrant auf die eigene Internetpräsenz zu locken, sondern nur dezent darauf hinzuweisen, dass sie in der Lage sind, deren möglichen Bedarf zu decken.[153]

2.3.2.2 Vertrieb und Kundengewinnung

Zwar wurde das Internet für den Informationsaustausch und die Kommunikation geschaffen – weniger für Verkauf und Vertrieb –, dennoch bieten sich diverse Plattformen als perfekte Vertriebskanäle an. Der US-amerikanische Computerhersteller Dell hat dieses Potential erkannt und nutzt beispielsweise sein Twitter-Profil dazu, Computer für mehrere Millionen Dollar im Jahr zu vertreiben.[154]

Um neue Kunden zu generieren, sind viele Unternehmen auf die Empfehlungen von bereits akquirierten Kunden angewiesen. Sind Käufer mit einem Produkt, einer Dienstleistung oder einer Marke zufrieden, ist die Wahrscheinlichkeit groß, dass der eine oder andere Freund auch bald zur Kundengruppe gehören wird. Im Social Media Umfeld ist der Freundeskreis um ein Vielfaches größer und somit auch die Reichweite der Empfehlungen.[155] Mundpropaganda ist in den Augen vieler Marketingexperten schließlich die beste Möglichkeit, um neue Kunden zu gewinnen – egal ob offline oder online.[156]

Mit Social Media können aber nicht nur neue Kunden generiert, sondern auch bestehende Kundenbindungen gepflegt werden. Früher wurden Direkt-Mailings in On- und Offline-Formen dazu verwendet, mit den bestehenden Kunden in Kontakt zu bleiben, ihnen das eigene Unternehmen näherzubringen und über Neuigkeiten zu informieren.[157] Zum einen aufgrund der fehlenden Messbarkeit der Rücklaufquote und zum anderen wegen den

---

[151] Vgl. Lake, L. (o.J.), Integration of Search Engines and Social Media Makes Real Time Search a Reality, http://marketing.about.com/od/socialmediamarketing/a/realtimesearch.htm (Stand: 14.05.2012)

[152] Englisch für (Daten-)Verkehr

[153] Vgl. Adler, M. (2010), Webseitenbesucher über Nacht dauerhaft verdoppeln!, http://www.online-marketing-blog.eu/2010/09/webseitenbesucher-uber-nacht-dauerhaft-verdoppeln/ (Stand: 14.05.2012)

[154] Vgl. o.V. (o.J.), Dell Outlet, https://twitter.com/delloutlet (Stand: 14.05.2012)

[155] Vgl. Pfeiffer, T.; Koch, B. (2011), S. 216

[156] Vgl. Gitomer, J. (2012), S. 168

[157] Vgl. Lammenet, E. (2009), S. 18 f.

vergleichbar hohen Kosten lohnt sich diese Aktivität heutzutage nur in geringem Umfang. Einfacher ist es, die Kontaktpflege über die sozialen Netzwerke zu betreiben und dort präsent zu sein, anstelle von aufwändigem Datenbankaufbau oder E-Mail Adressen für Newsletter-Sendungen zu agglomerieren. Social Media ist wohl das geeignetste Kommunikationsinstrument, wenn sich ein Unternehmen authentisch und nachhaltig um den Kundenkontakt kümmern will.[158]

2.3.2.3 Feedback und Image

Soziale Netzwerke stellen eine kostengünstige, schnelle und zudem einfache Gelegenheit dar, um die Kommunikation mit den Kunden direkter, unmittelbarer und authentischer werden zu lassen. Ist ein Käufer beispielsweise mit einem Produkt oder einer Dienstleistung überaus zufrieden bzw. davon enttäuscht, bieten ihm Social Media Kanäle die Möglichkeit, sich dementsprechend zu äußern. Bei der Einführung des Apple iPads beispielsweise wurde die Bewunderung innerhalb der ersten Stunden in Form von 177.000 Nachrichten auf Twitter ausgesprochen. Des Weiteren machen die Plattformen negative Erfahrungen transparent und helfen dabei, Produkt- und Dienstleistungsinnovationen voranzutreiben. Die vielseitigen Meinungen der Kunden sind Ideengeber für neue Anwendungen, Einsatzgebiete oder bessere Serviceleistungen. Die Kritik der Verbraucher ist die wertvollste Antriebsquelle für Verbesserungen – denn anfangs ist kein Produkt perfekt.[159]

Loyale Markenfans und -botschafter stehen hinter ihren Lieblingsprodukten, sowohl im realen Leben, als auch im Social Web. Durch sie werden potentielle Kunden in ihren Kaufentscheidungen beeinflusst und die Markenbekanntheit vorangetrieben. Aufgrund der Präsenz in sozialen Netzwerken kooperieren Unternehmen mit jenen Anhängern und können auf diese Weise ihr Markenimage verbessern.[160]

2.4 Kritische Würdigung

Der zentrale Motor der sozialen Netzwerke ist die direkte Beteiligung der Nutzer. Grundsätzlich sind die Beiträge personalisiert oder es ist zumindest in Bezug auf ein Pseudonym nachvollziehbar, wer der Autor ist. Egal, um welche Anwendung es sich dabei handelt, man kann aus den jeweiligen Beiträgen neben den Kontaktdaten auch Informationen über Aufenthaltsorte, Vorlieben, Interessen, soziales Umfeld oder Kaufverhalten ableiten.[161] Zwar liegt es auf der Hand, dass im Social Web vor allem dem Datenschutz

---

[158] Vgl. Heymann-Reder, D. (2011), S. 178
[159] Vgl. Grabs, A.; Bannour, K. (2011), S. 32 f.
[160] Vgl. Smith, N.; Wollan, R.; Zhou, C. (2011), S. 67
[161] Vgl. Ebersbach, A.; Glaser, M.; Heigl, R. (2008), S. 231

eine hohe Bedeutung zukommen sollte, jedoch liegt es ebenso in der Natur dieser Applikationen, dass hier besonders viele Daten offengelegt werden.[162]

Während dem sogenannten Facebook-Experiment der IT-Sicherheitsfirma Sophos wurde ermittelt, dass der Nutzer selbst die größte Schwachstelle bei der Datensicherheit darstellt. Das Unternehmen meldete sich mit den zwei frei erfundenen Namen »Dinette Stonily« und »Daisy Feletin« in Facebook an, erstellte ein Profil mit dem Foto eines Katzenpärchens und einer Gummiente und fügte einige persönliche Daten hinzu. Daraufhin sendete Sophos 200 Freundschaftsanfragen an willkürlich ausgewählte Mitglieder, um zu erfahren, wie viele Nutzer darauf reagieren. Die Ergebnisse veranschaulichen, wie einfach es ist im Social Web an persönliche Daten zu gelangen:[163]

• 95 von 200 kontaktierten Personen antworteten auf die Anfrage

• 46% akzeptierten ungeprüft und ließen den Zugriff auf persönliche Informationen zu

• 74% stellten detaillierte Informationen zu ihrem Arbeitsplatz zur Verfügung

• 89% gaben den vollständigen Geburtstag an, 23% sogar ihre Telefonnummer

Jene Zahlen zeigen, wie sorglos die Mitglieder von sozialen Netzwerken mit persönlichen und privaten Informationen umgehen. Den meisten Teilnehmern von Facebook, Xing, Twitter, Youtube etc. ist nicht bewusst, was Betrüger und andere Cyberkriminelle mit ihren Daten anfangen könnten. Die Angriffspunkte reichen vom schnellen Erraten der Passwörter bis hin zum Diebstahl der gesamten Identität – den Schaden trägt immer der Nutzer selbst.[164]

Diese privaten Sicherheitslücken lassen sich auch auf das unternehmerische Agieren im Social Web übertragen. So stehen hinter sämtlichen Unternehmensprofilen zugehörige Nutzer, welche vollständigen Zugriff auf das Marketinginstrument haben. Gelangen die Anmeldedaten von jenen in falsche Hände, könnten ganze Kommunikationskanäle der Firmen lahmgelegt oder missbraucht werden. Dies wiederum würde zu erheblichem Imageschaden, Vertrauensverlust und sogar zu Umsatzeinbußen führen. Abgesehen von einem Angriff der Cyberkriminellen birgt der geschäftliche Betrieb von Social Media aber auch Risiken auf Seiten der Organisation in sich. Viele Unternehmen betrachten die sozialen Netzwerke im Hinblick auf das Marketing mehr als Heilsbringer, anstatt zu erkennen, dass ihnen auf diesem gefährlichen Terrain die Kontrolle über die Botschaft,

---

[162] Vgl. Bauer, C.; Greve, G.; Hopf, G. (2011), S. 79 ff.
[163] Vgl. o.V. (2009), Neues Facebook-Experiment enthüllt wiederum die Arglosigkeit der Nutzer, http://www.sophos.com/de-de/press-office/press-releases/2009/12/facebook.aspx (Stand: 14.05.2012)
[164] Vgl. Reder, B. (2011), Diebstahl der Identität, http://www.computerwoche.de/mittelstand/2356002/index2.html (Stand: 14.05.2012)

die sie verbreiten, entgleiten könnte.[165] Besonders in Deutschland stürzen sich die Unternehmer ziellos und ohne Strategie auf dieses Kommunikationsinstrument. Zwar setzt jede zweite Firma soziale Medien, wie Facebook oder Twitter ein,[166] allerdings haben nur fünf Prozent eine eigene Social Media Abteilung eingerichtet,[167] die mit notwendigen Befugnissen, ausreichend Qualifikation oder strategischem Einfluss handelt. Die mit der Thematik beauftragten Mitarbeiter müssen sich vor Augen halten, dass es sich dabei um ein System von Geben und Nehmen handelt. Es sind Beziehungen, die zum beiderseitigen Nutzen von Kunden und Unternehmen strategisch und über einen längeren Zeitpunkt aufgebaut werden müssen. Ein aggressives Verstreuen der eigenen Botschaft in alle Winde, ob sie jemanden interessiert oder nicht, wird im Internet hart bestraft. Communities wollen Content, der sie weiterbringt, unterhält oder zu interessanten Diskussionen bewegt – sie reagieren äußerst empfindlich auf platte Verkäuferrhetorik.[168] Des Weiteren sorgen sogenannte Fake-Accounts[169] von eigenen Mitarbeitern, die vorgeben Kunden zu sein, für große Aufregung auf den Plattformen. Tritt eine Organisation also nicht ehrlich auf oder macht Falschangaben zu Produkten und die Täuschung wird aufgedeckt, ergibt sich ein großes Risiko für das Unternehmen. Es läuft Gefahr, innerhalb kürzester Zeit entlarvt und an den Pranger gestellt zu werden, wie zum Beispiel der Lebensmittelhersteller Nestlé, der 2010 wegen der Verwendung von Palmöl von seinen eigenen Fans auf Facebook kritisiert wurde.[170]

Firmen müssen folglich umdenken und sich bewusst machen, dass nach dem Beitritt in das Social Web eine virale Negativkampagne nicht mehr aufzuhalten ist. Kampagnen in sozialen Netzwerken sollten genau durchdacht sein und dürfen nicht in blinden Aktionismus ausarten.[171] Hierzu gehören beispielsweise eine genaue Zielgruppenanalyse und ein Redaktionsplan, genauso, wie definierte Verhaltensregeln, die das Auftreten der Mitarbeiter in den Communities regeln. Bei der Konzeption darf jedoch, wie Abbildung 2 verdeutlicht, ein wichtiger Grundsatz nicht vergessen werden: Um erfolgreich zu sein, muss ehrlich und aufrichtig mit den Kunden kommuniziert werden – wie im realen Leben ebenfalls.[172]

---

[165] Vgl. Heymann-Reder, D. (2011), S. 27
[166] Vgl. Schmidt, H. (2010), Unternehmen fehlt Struktur für Facebook, Twitter & Co., http://www.faz.net/aktuell/wirtschaft/netzwirtschaft/soziale-medien-unternehmen-fehlt-struktur-fuer-facebook-twitter-co-11450767.html (Stand: 14.05.2012)
[167] Vgl. Heymann-Reder, D. (2011), S. 27
[168] Vgl. Pfeiffer, T.; Koch, B. (2011), S. 24
[169] Bei Fake-Accounts handelt es sich um Benutzerkonten, die nicht einer realen Identität entsprechen; vgl. Janczewski, L. J.; Colarik, A. M. (2008), S. 259
[170] Vgl. Haseborg, V. (2010), Greenpeace gegen Nestlé. Wenn ein Netzwerk zur Waffe wird, http://www.abendblatt.de/kultur-live/article1433815/Greenpeace-gegen-Nestle-Wenn-ein-Netzwerk-zur-Waffe-wird.html (Stand: 14.05.2012)
[171] Vgl. Hilker, C. (2012), S. 22
[172] Vgl. Grabs, A.; Bannour, K. (2011), S. 33

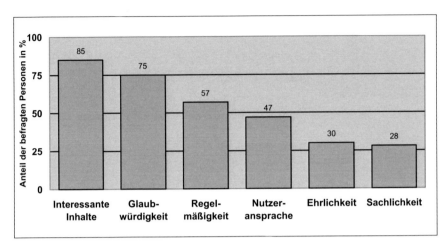

Abb. 2: Wichtigste Erfolgsfaktoren im Social Web[173]

[173] In Anlehnung an: O.V. (2012), Social Media – Erfolgsfaktoren im B2B-Bereich,
http://de.statista.com/statistik/daten/studie/164282/umfrage/erfolgsfaktoren-fuer-das-social-
media-marketing-im-b2b-segment-2010/ (Stand: 14.05.2012)

3. Anwendungsmöglichkeiten bei der PORTOLAN Commerce Solutions GmbH

3.1 PORTOLAN Commerce Solutions GmbH

3.1.1 Kurzportrait

Die PORTOLAN Commerce Solutions GmbH mit Zentrale in Ilsfeld bei Heilbronn ist führender Anbieter von betriebswirtschaftlichen Softwarelösungen und betreut über 400 Kunden in 50 Ländern. Mit mehr als 60 Mitarbeitern bietet PORTOLAN seinen Kunden neben einem umfangreichen Service eine persönliche Betreuung und professionelle Beratung zum Thema Unternehmenssoftware an.[174]

Das zentrale Kernprodukt des Unternehmens ist mit PORTOLAN EVM ein, auf IBM Hardware einsetzbares, modulares Softwarepaket für mittelständische Unternehmen mit Tochtergesellschaften im In- und Ausland.[175] Dabei handelt es sich um eine in 19 Sprach- und 28 Landesversionen verfügbare, international ausgerichtete Lösung mit Finanzbuchhaltung, Anlagenbuchhaltung, Konzernkonsolidierung und Controlling. Das selbstentwickelte Business Portal PortoWeb bietet zudem sämtlichen Anwendergruppen den mobilen und intuitiven Zugriff auf benötigte Finanz- und Controllingdaten via Internet. Als Systemhaus wird darüber hinaus die ERP-Gesamtlösung[176] trendEVM angeboten, welche auf diverse Branchen, wie Lebensmittel, Anlagenbau, Kunststofffertiger und Zulieferindustrie optimiert ist. Seit 2008 beinhaltet das Produktportfolio außerdem die On-demand-Lösung[177] SAP Business ByDesign, welche alle Vorteile einer modernen Unternehmensanwendung auf Cloud-Basis bietet.[178]

3.1.2 Historie

Das Unternehmen wurde 1990 von Joachim Nürk als CS Controlling Software Systeme GmbH in Pleidelsheim gegründet. Nachdem die Entwicklung einer leistungsfähigen Kostenrechnung auf Basis von IBM Hardware abgeschlossen war, konnte der erste Kunde NAW Nutzfahrzeuge AG mit Sitz in Arbon in der Schweiz, eine Tochter der Daimler AG, gewonnen werden. 1992 ging die CS Controlling eine Vertriebs- und Entwicklungspartnerschaft mit der SSA Software Systems Association (Chicago) für Deutschland,

---

[174] Vgl. o.V. (2011a), S. 5 ff.
[175] Vgl. o.V. (2011), Das Unternehmen PORTOLAN, http://www.portolancs.com/unternehmen (Stand: 14.05.2012)
[176] Enterprise Ressource Planning Lösungen sind betriebswirtschaftliche Anwendungssysteme für Unternehmen; vgl. Teuteberg, F.; Gomez, J. M. (2010), S. 8
[177] Bei On-Demand-Lösungen mietet das Unternehmen den Zugang zur Software, welche im Rechenzentrum eines externen Anbieters betrieben wird; vgl. Meister, R. (2009), S. 24
[178] Vgl. o.V. (2011), PORTOLAN – Ihr SAP Business ByDesign Partner, http://www.portolancs.com/sap-business-bydesign (Stand: 14.05.2012)

Österreich und der Schweiz ein. 1993 erweiterte sich die Partnerschaft mit der SSA europaweit, außerdem konnte die Anlagenbuchhaltung fertig gestellt werden und damit die H. J. Heinz Company als weiterer Kunde gewonnen werden. 1994 wurde die SSA bei CS Controlling Gesellschafter und deren Anlagenbuchhaltung die neue SSA Fixed Asset Lösung weltweit. In diesem Jahr konnten Installationen in 10 Ländern verzeichnet werden. 1995 wurde die erste Finanzbuchhaltung ausgeliefert und Knorr (heute: Unilever) bzw. Ciba Basel trafen die strategische Entscheidung mit CS Controlling über einen weltweiten Roll-out. 1996 wurde die CS Controlling das Finanzbuchhaltungssystem der SSA ERP-Lösung für Europa und konnte in 30 Ländern installiert werden. Die Umfirmierung von CS Controlling in PORTOLAN Commerce Solutions GmbH fand im Jahr 1999 statt, in welchem auch das neue Firmengebäude in Ilsfeld bezogen wurde. 2000 ging die PORTOLAN eine Partnerschaft mit der Brain International AG ein und somit wurde das PORTOLAN Rechnungswesen EVM zum neuen Brain Financial für die Vorsysteme XPPS und Brain AS. Das Brain Financial konnte daraufhin in über 50 Ländern installiert werden. 2003 wurde PORTOLAN das Finance Competence Center der Würth-Gruppe und im Jahr 2008 wieder ausgegliedert. Es begann die strategische Allianz mit Trend SWM und die Gründung der Vertriebsgesellschaft trendEVM Software für den Mittelstand GmbH mit gleichem Sitz in Ilsfeld. Diesbezüglich kam es zur Verschmelzung der Produktlinien FUTURE II und PORTOLAN Rechnungswesen EVM. Des Weiteren wurde eine strategische Partnerschaft mit der TDS für den Produktbereich SAP Business ByDesign eingegangen.[179]

3.1.3 Die momentane externe Unternehmenskommunikation

Die PCS wendet sich im Rahmen des unternehmerischen Kommunikationsprozesses an die externen Stakeholder wie bspw. Kunden, Wettbewerber, Journalisten und andere außenstehende Institutionen. Damit bei diesen eine Meinungsbildung stattfinden kann, greift das Unternehmen auf ausgewählte Instrumente zurück, die sowohl eine verbale, als auch nonverbale Kommunikation mit der Umwelt ermöglichen.

Die momentane externe Unternehmenskommunikation umfasst neben klassischer Öffentlichkeitsarbeit auch Sponsoring, Messebesuche, Veranstaltungen, persönliche Kundenkontakte und adressierte Mailings in On- bzw. Offline-Formen.[180] Diese Kommunikationspolitik dient als Schnittstelle zwischen dem Bild, das sich Außenstehende vom

---

[179] Vgl. Haug, R. (2012)
[180] Vgl. Broselge, L. (2012)

Unternehmen machen und der Firmenphilosophie, die aus folgenden vier Grundsätzen besteht:[181]

- Wir helfen Ihnen bei der erfolgversprechenden Kursbestimmung Ihrer Unternehmung
- Wir erarbeiten für Sie die passenden Kennzahlen, damit Sie den Überblick behalten
- Wir führen Sie sicher zu Ihrem Unternehmensziel
- Unsere Software ist Ihr zuverlässiges und flexibles Navigationsinstrument

Damit diese Aussagen sowohl den potentiellen, als auch den bestehenden Kunden möglichst gut vermittelt werden, gestaltet die PCS die genannten Instrumente, mit Hilfe von innovativen Marketingmaßnahmen, möglichst originell und ansprechend. Das Auftreten im Social Web wurde bisher jedoch stark vernachlässigt und somit fanden auch kaum Kundenkontakte über soziale Netzwerke statt. Vergleicht man das Unternehmen mit der brancheninternen Konkurrenz oder den Partnerunternehmen, wird recht schnell deutlich, dass der erhoffte Erfolg, möglichst viel Vertrauen bei den Zielgruppen zu erwecken, meist noch Defizite aufweist. Viele Organisationen nutzen als zusätzlichen Kommunikationskanal das Social Web, um den Kunden die Chance zu geben, mit ihnen auf unkomplizierte Weise in direkten Kontakt zu treten. Wie im theoretischen Teil be- schrieben, ist es üblich, dass Unternehmen in sozialen Netzwerken sehr authentisch, aufrichtig und ehrlich auftreten und somit mehr Glaubwürdigkeit bei den Stakeholdern generieren. Durch Integration dieser bis dato fehlenden Variable der Social Media wäre es auch bei der PCS möglich, die Zielgruppen besser anzusprechen und die externe Unter- nehmenskommunikation fortlaufend zu optimieren.

3.2 TDS Informationstechnologie AG als Best Practice Unternehmen

In der vorliegenden Studie sollen die potentiellen Chancen eines Social Media Auftritts anhand eines Best Practice Beispiels erörtert werden. Die anliegende TDS Informations- technologie AG, welche Partnerunternehmen der PCS ist, bietet sich aufgrund der ausgeprägten Verwendung von sozialen Netzwerken als geeignetes Praxisbeispiel an.

3.2.1 Kurzportrait

Die TDS mit Stammsitz in Neckarsulm ist ein IT-Komplettdienstleister und SAP- Systemhaus für mittelständische und große Unternehmen. TDS Outsourcing bietet des Weiteren Dienstleistungen und Software für Personaler an. Das börsennotierte Unter- nehmen wurde 1975 gegründet und gehört seit 2007 zu Fujitsu, einem der weltweit

---

[181] Vgl. o.V. (2011), Warum PORTOLAN – mitten im Festland?,
http://www.portolancs.com/unternehmen/philosophie (Stand: 14.05.2012)

größten IT-Konzerne. Mit rund 1.300 Mitarbeitern an ca. 20 Standorten in Deutschland, Österreich und der Schweiz erzielte die TDS im Geschäftsjahr 2010/2011 einen Umsatz von 132 Millionen Euro.

Zu den Angebotsschwerpunkten zählen neben Application Hosting und Application Management, auch die SAP-Beratung. Außerdem gehören zum Portfolio SAP-basierte Branchenlösungen, wie z.B. für die Prozess- und Kosmetikindustrie oder den Nahrungs- und Genussmittelsektor. Im Bereich Outsourcing realisiert die TDS individuelle Konzepte bis hin zum Betrieb der kompletten IT-Infrastruktur. Das Angebot für Personalabteilungen umfasst die Übernahme sämtlicher administrativer Prozesse aus dem Personalwesen. Beim Auslagern solcher Geschäftsabläufe, auch HR Business Process Outsourcing genannt, ist die TDS mit mehr als 800.000 abgerechneten Personalstammsätzen im Monat Marktführer in Deutschland. Hinzu kommen rund eine Million Personalstammsätze, welche die Kunden mit Hilfe der Software TDS-Personal abrechnen.[182]

3.2.2 Historie

Das Unternehmen wurde 1975 als Anbieter von Rechenzentrums-Dienstleistungen unter dem Namen teledatenservice GmbH in Heilbronn gegründet. Seitdem hat die Firma ihr Portfolio kontinuierlich ausgebaut: Im Jahr 1984 wurde das Angebot um den SAP R/2-Betrieb erweitert und 1985 kam erstmals SAP im Application Hosting hinzu. Der SAP R/3-Betrieb startete 1994. Nach dem Börsengang 1998 zog die TDS Informationstechnologie AG im darauffolgenden Jahr in die neue Firmenzentrale in Neckarsulm um. Dort wurden zwei neue Rechenzentren in Betrieb genommen und 2002 erfolgte der Bau des dritten Rechenzentrums. Durch die Übernahmen der Firmen BFD (2003), G.O.D. (2004) und dsoftware (2007) stieg TDS zum Spitzenreiter im Markt für HR Business Process Out-sourcing auf. Im Jahr 2007 übernahm Fujitsu, einer der weltweit größten Anbieter von IT Services, die Aktienmehrheit der TDS. Im April 2010 wurde das vierte Rechenzentrum im baden-württembergischen Neuenstadt am Kocher eingeweiht, wodurch das Unternehmen bis heute über eines der modernsten Rechenzentren in Deutschland verfügt.[183]

3.2.3 Die momentane externe Unternehmenskommunikation

Auch die TDS versucht im Rahmen des unternehmerischen Kommunikationsprozesses die externen Stakeholder möglichst positiv anzusprechen. Dabei bedient sich die Firma ebenfalls verschiedener Instrumente, die eine verbale und nonverbale Kommunikations-politik ermöglichen.

---

[182] Vgl. o.V. (2011), Über TDS,
http://www.tds.fujitsu.com/tds-home/unternehmen/ueber-tds/ (Stand: 14.05.2012)
[183] Vgl. o.V. (2011b), S. 1 f.

Die momentane externe Unternehmenskommunikation beinhaltet unter anderem klassische Pressearbeit, Sponsoring, Messe- und Kongressbesuche, persönliche Kundenkontakte, Newsletter sowie Veranstaltungen und diverse Publikationen. Mit dem besonderen Angebot von Publikationen informiert die TDS anhand von Studien mit der Hochschule Pforzheim oder der Lünedonk GmbH über aktuelle Markttrends. Dafür veröffentlicht das Unternehmen eigene Fachbücher, Studien, Trendpapiere und das kostenlose TDS-Magazin »Mittelstandpunkt«. Ziel dabei ist es, Transparenz in entstehende und wachsende Dienstleistungsmärkte zu bringen, entscheidungsrelevantes Fachwissen zu vermitteln und einen Beitrag zur inhaltlichen Diskussion zu leisten. Dabei werden wichtige Trends aufgezeigt, Servicemodelle erklärt sowie Fachbegriffe und Definitionen erläutert. Anhand von Beispielen aus der Praxis werden zudem mögliche Lösungswege dargestellt und Unternehmen, die sich mit einer neuen Entwicklung beschäftigen, finden in den Studien bzw. Trendpapieren einen Ratgeber, der das Thema aus verschiedenen Perspektiven umfassend beleuchtet.

Da es sich bei der TDS um eine Aktiengesellschaft handelt, befasst sich die Unternehmenskommunikation des Weiteren mit Investor Relations bzw. Finanzkommunikation, um den Kontakt zu Aktionären und Investoren, Analysten und Finanzmedien aufrecht zu erhalten. Transparenz und offene Kommunikation sind hierbei ein selbstverständlicher Bestandteil der Firmenphilosophie. Diese sollen das Vertrauen der Stake- bzw. Shareholder[184] fördern und zeitnah, umfassend und gleichberechtigt über geschäftliche Aktivitäten sowie rund um die Aktie informieren.

Dem zusätzlichen Kommunikationskanal des Social Webs wird ebenfalls sehr sorgfältig nachgegangen und Kontaktpflege über soziale Netzwerke regelmäßig betrieben. So verwendet die TDS beispielsweise Facebook dazu, Recruiting Maßnahmen durchzuführen oder XING, um das Einladungs- bzw. Community-Management zu vereinfachen. Auch auf den Plattformen Twitter und Youtube verwaltet das Unternehmen eigene Profile, über welche es die Zielgruppen direkt ansprechen und Vertrauen generieren kann. Seit dem Zusammenschluss mit der Fujitsu-Gruppe gibt die TDS außerdem über den unternehmenseigenen Corporate Blog relevante Informationen nach außen preis. Unabhängig von allen Social Media Kanälen ist das gut gepflegte CRM-System[185] in Kombination mit engem Kundenkontakt eine wichtige Basis für die direkte Kommunikation. Die TDS befolgt dabei stets den Grundsatz, dass besonders die Mitarbeiter selbst die bedeutendsten Kommunikatoren und Multiplikatoren für ihre Unternehmung sind.[186]

---

[184] Englisch für Aktionär
[185] Customer-Relationship-Management-System
[186] Vgl. Erhard, M. (2012)

3.3 Potentialanalyse zur Überarbeitung der externen Unternehmenskommunikation

In dem folgenden Kapitel 3.3.1 und den diesbezüglich weiterführenden Kapiteln sollen die Grundlagen von Potentialanalysen dargestellt und dabei auf den Leitgedanken, die Ziele und Erfolgsfaktoren eingegangen werden. Daraufhin soll in den nachfolgenden Kapiteln 3.3.2 bis einschließlich 3.3.2.5 die Umsetzung der TDS bezüglich ihrer Social Media Kommunikation auf den Plattformen Facebook, XING, Twitter, Youtube und dem Corporate Blog untersucht bzw. bewertet werden.

3.3.1 Grundlagen der Best Practice Potentialanalyse

Bevor mit der eigentlichen Best Practice Potentialanalyse begonnen wird, sollen vorerst einige theoretische Grundlagen verdeutlicht werden. Hierfür werden im Folgenden sowohl der Leitgedanke dieser Analysen, als auch die Ziele sowie Erfolgsfaktoren näher erläutert.

3.3.1.1 Leitgedanke

Im betrieblichen Umfeld stellen Best Practice Beispiele Orientierungs- oder Zielgrößen dar, die eine objektive Bewertung der eigenen Leistung im Vergleich zu anderen Unternehmen ermöglichen. Im Rahmen einer Potentialanalyse werden jedoch nicht nur Kennzahlen miteinander verglichen oder Leistungsdefizite quantifiziert, sondern die zugrunde liegende Vorgehensweise zur Erreichung des Best Practice ergründet. Dadurch sollen bemerkenswerte, exzellente Praktiken entdeckt und im eigenen Unternehmen umgesetzt werden, um dadurch nachhaltige Verbesserungen oder sogar Wettbewerbsvorteile zu erlangen. Man kann also sagen, dass Best Practice Potentialanalysen die Orientierung am Klassenbesten beinhalten. Hierbei wird bewusst nach Unternehmen innerhalb der eigenen Branche gesucht, die bestimmte Prozesse oder Funktionen hervorragend beherrschen bzw. diese dann analysiert und auf den eigenen Betrieb übertragen.[187]

3.3.1.2 Ziele

Durch die Anwendung einer solchen Analyse sollen die folgenden Ziele erreicht werden, welche zur Steigerung der Wettbewerbsfähigkeit beitragen.

Ein erstes Ziel der Potentialanalyse ist es, den eigenen Leistungsstand im Unternehmen aufzuzeigen. Im vorliegenden Kontext zum Thema Social Media sollen die Stärken und Schwächen in der Web 2.0 Unternehmenskommunikation der PCS festgestellt werden. Anschließend werden die Bestleistungen des Best Practice Unternehmens definiert und somit eine Lücke zwischen der eigenen und der exemplarischen Kommunikationspolitik

---

[187] Vgl. o.V. (o.J.), Gabler Wirtschaftslexikon,
http://wirtschaftslexikon.gabler.de/Archiv/122484/best-practice-v3.html (Stand: 14.05.2012)

sichtbar. Dies ermöglicht eine Positionierung der eigenen Kommunikationskanäle und dient als Ausgangspunkt für eine spätere Überarbeitung.

Ein weiteres Ziel ist das tiefe Hintergrundwissen, welches sich die in das Projekt involvierten Mitarbeiter beiläufig aneignen. Die interessanten Erkenntnisse der Social Media Praktiken kombiniert mit der übertragenen Verantwortung sorgen zudem für erhöhte Motivation und mehr Selbstwertgefühl. Auch die Inspiration für Veränderungen bzw. Anpassung an die Bestleistung wirkt sich wiederum positiv auf das eigene Unternehmen aus.

Das dritte zentrale Ziel ist die Erhöhung der Kundenzufriedenheit. Infolge einer erfolgreichen Potentialanalyse und anschließender Umsetzung, kann beispielsweise die Qualität und Quantität der nach außen gerichteten Unternehmenskommunikation erhöht werden, sodass Kunden von den Ergebnissen der Potentialanalyse profitieren.

Als letztes Argument lässt sich der vergleichsweise geringe Kostenaufwand benennen. Weil die besten Praktiken nicht erst neu entwickelt, sondern nur übertragen und an die eigene Organisation angepasst werden müssen, können erhebliche Kosten eingespart werden. Anstatt die Kommunikationskanäle im Social Media Umfeld also erst auf Branchenkompatibilität zu prüfen, kann mehr Zeit in die Optimierung der Prozesse investiert werden.

3.3.1.3 Erfolgsfaktoren

Damit eine Potentialanalyse erfolgreich durchgeführt werden kann, ist es notwendig, dass das Unternehmen das Projekt und die involvierten Mitarbeiter unterstützt. Das Management muss sich für Veränderungen öffnen und darf nicht an bisherigen Gewohnheiten festhalten. Neben der positiven Erwartung muss es zusätzlich genügend Ressourcen, wie Geld und Arbeitszeit, zur Verfügung stellen. Das durchführende Team sollte qualifiziert sein, den gesamten Prozess zu leiten und darüber hinaus Fachwissen aufweisen, um Maßnahmen zur Veränderung zu entwickeln. Demnach sollte es betreffend der vorliegenden Thematik Grundkenntnisse, sowohl in externer Unternehmenskommunikation (siehe Kapitel 2.1), als auch Social Media (siehe Kapitel 2.2) sowie in Potentialanalysen (siehe Kapitel 3.3.1) aufweisen. Des Weiteren ist zu beachten, dass die Veränderungsmöglichkeiten nur schwer ausgemacht werden können, sofern die Abläufe und Prozesse des vergleichenden Best Practice Unternehmens nicht umfangreich analysiert wurden. Um Rahmenbedingungen für die Analyse zu schaffen, sollte abgesehen von dem klar definierten Best Practice Beispiel ein Zeitplan und ein entsprechendes Budget festgelegt werden.

Da das Web 2.0 bzw. Social Media Umfeld eine sehr schnelllebige Materie darstellt, besteht der Erfolg einer solchen Analyse nicht aus dem einmaligen Einsatz, sondern aus der kontinuierlichen Verwendung. Unternehmen müssen dauerhaft für Veränderungen bereit sein und sich fortlaufend an neue Standards anpassen, damit sie wettbewerbsfähig bleiben. Um eigene Spitzenleistung zu generieren und nicht nur zum Mittelmaß zu gehören, ist es unabdingbar, die Bestleistung des vergleichenden Unternehmens weiterzuentwickeln und nicht nur blind zu übertragen. Die mit dem Projekt beauftragten Mitarbeiter werden daher regelrecht aufgefordert, Ideen von überallher aufzunehmen und diese auf eine innovative Weise an das eigene Unternehmen anzupassen. Um diesen Sachverhalt zu veranschaulichen, lässt sich ein Beispiel aus der Musikbranche hinzuziehen. Es werden selten Sänger oder Sängerinnen gesucht, die ein erfolgreiches Lied genau gleich wiedergeben können. Dennoch kann das Nachsingen von bestimmten Titeln gewinnbringend sein, wenn beispielsweise die eigene Coverversion das Original übertrifft. Das Best Practice Unternehmen soll also nach der Potentialanalyse lediglich als Inspiration für die Umsetzung im eigenen Unternehmen dienen.

In dieser Studie werden während der Analyse die Social Media Kanäle der TDS, einem Partnerunternehmen der PCS, näher untersucht. Um die bestehende Geschäftsbeziehung nicht zu gefährden, ist es von höchster Relevanz, dass bestimmte Prinzipien und Richtlinien eingehalten werden müssen. So dürfen beispielsweise interne, auf den Sachverhalt bezogene Dokumente untereinander ausgetauscht werden, jedoch müssen beide Unternehmen mit den Auskünften äußerst vertraulich umgehen. Des Weiteren wurden nur solche Informationen angefordert, bei welchen die PCS auch selbst bereit ist die eigenen weiterzugeben. Dadurch soll verhindert werden, dass kein Datentausch stattfindet, der einen möglichen Wettbewerbsvorteil mit sich bringt oder gegebenenfalls sogar die Kartellrechte verletzt.

3.3.2 Durchführung der Best Practice Potentialanalyse

Nachdem in der vorliegenden Studie zuerst die momentane Situation der PCS skizziert wurde (siehe Kapitel 3.1.3), kann nun die beste Umsetzung der TDS untersucht und bewertet werden. Im Rahmen der Potentialanalyse entsteht infolgedessen eine Lücke zwischen der eigenen Unternehmung und der am besten gemessenen Leistung, sodass Maßstäbe gesetzt werden können. Daraufhin wird geprüft, wie die TDS zu dieser besseren Leistung gekommen ist und ein möglicher Weg gesucht, um diese in die eigene Firma zu integrieren. Somit wäre es möglich, jene Leistungslücke zu schließen und gegebenenfalls sogar das Best Practice Beispiel zu übertreffen.

Die Best Practice Potentialanalyse lässt sich übersichtlich anhand der im Theorieteil ausgewählten sozialen Netzwerke strukturieren. Folglich wird zuerst die Facebook-Präsenz der TDS untersucht und anschließend auf die Social Media Kanäle XING, Twitter und Youtube sowie die Corporate Blogs eingegangen. Nach jeder Analyse werden jeweils acht Handlungsempfehlungen für eine Optimierung der eigenen Unternehmenskommunikation aufgeführt. Die Gewichtung der entsprechenden Kapitel weicht je nach Relevanz des sozialen Netzwerkes und den daraus abgeleiteten Chancen ab.

3.3.2.1 Facebook

Die TDS nutzt seit September 2011 die soziale Plattform Facebook, um mit ihren Stake- bzw. Shareholdern in Kontakt zu treten. Das Unternehmen hat erkannt, dass dieses Netzwerk nicht nur für internationale Kunden von Wichtigkeit ist, sondern auch für den nationalen Markt eine hohe Durchdringungsrate bietet. Mehr als die Hälfte der Nutzer sind täglich online und verbringt viel Zeit darin – was es zu einem virtuellen Raum mit viel Interaktivität und Dynamik macht.

Verwendet man als Benutzer die Facebook-Suchfunktion, um den Begriff »TDS« abzufragen, erhält man zweierlei Ergebnisse. Zum einen die Seite TDS HR Services & Solutions, auf welche später eingegangen wird und zum anderen die TDS Informationstechnologie AG Unternehmensseite, deren Kopfbereich in Abbildung 2 dargestellt wird:

Abb. 3: Kopfbereich der TDS Unternehmensseite in Facebook[188]

Von hier aus kann der Internetnutzer beispielsweise durch einen Klick auf »Info« (1) diverse Informationen über die TDS einsehen. Neben den verschiedenen Kontaktdaten findet sich dort auch eine umfangreiche Unternehmensbeschreibung, welche für Suchmaschinen, wie Google und Co. einsehbar ist und somit die Relevanz bei diesen verstärkt. Die vier Auswahlfelder im Bereich (2) ermöglichen Einblicke in angelegte Fotoalben, zeigen die Anzahl bisheriger »Gefällt mir« Angaben, helfen bei der Wegbeschreibung zum Unternehmen und bieten eine Reihe von Applikationen an. Applikationen sind Anwendungen, welche von Facebook selbst oder Drittanbietern programmiert wurden, um z.B. Inhalte von anderen Plattformen zu integrieren. Die Anzahl solcher Programme wächst

---

[188] Eigene Darstellung

ständig und beinhaltet sogar Integrationen von Online-Shops, Umfragen oder Videos aus Youtube. Die in der Abbildung gekennzeichnete Sektion (3) fordert den Facebook-Nutzer zu aktivem Handeln statt nur passivem Agieren auf. Interessiert er sich für das Unternehmen oder die Produkte, so kann er sich durch den »Gefällt mir« Button mit der Seite verbinden und regelmäßige Statusupdates beziehen. Von nun an bekommt er die aktuellsten Nachrichten über die TDS auf seiner personalisierten Startseite angezeigt und kann daraufhin mit der Firma in Dialog treten. Durch diese Kommunikationsfunktion erhält der Verbraucher jedoch nur vom Unternehmen gesteuerte Informationen und kann auf jene erst im zweiten Schritt reagieren. Möchte ein Kunde direkt eine Konversation mit dem Unternehmen eingehen, so steht ihm dies unter dem Button »Nachricht senden« zur Verfügung. Hierüber bietet die TDS den Nutzern an, Beschwerden zu verfassen, Verbesserungen mitzuteilen oder offene Stellen zu erfragen – vor allem Letzteres steht hier besonders im Vordergrund. Laut dem Pressesprecher Michael Erhard verwendet die Firma diesen Auftritt hauptsächlich für Recruiting-Maßnahmen[189] und personalwirtschaftliche Sachverhalte.

Abgesehen von den Funktionen im Kopfbereich, stehen den Fans zentrale Inhalte im Hauptbereich der Seite zur Verfügung:

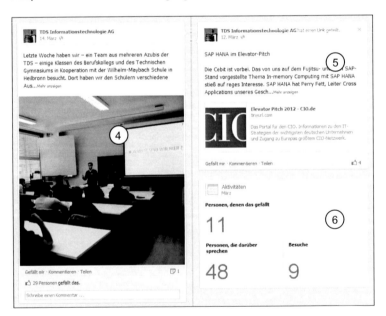

Abb. 4: Hauptbereich der TDS Unternehmensseite in Facebook[190]

---

[189] Englisch für Personalbeschaffung
[190] Eigene Darstellung

Über diesen Bereich, auch Pinnwand genannt, werden beispielsweise Fotos und Neuig-keiten von Seminaren – hauptsächlich mit personalwirtschaftlichem Hintergrund – veröffentlicht (4). Diese können dann wiederum von Mitarbeitern oder Fans weiterempfoh-len und somit die Reichweite der Zielgruppe erhöht werden. Weil ein Unternehmen aber möglichst häufig mit seinen Anspruchsgruppen in Kontakt treten sollte und sich nicht immer interne Sachverhalte ergeben, bieten sich hin und wieder auch sonstige aktuelle Themen als Publikationen an. So schreiben die Administratoren der Seite, wie in Bereich (5) zu sehen ist, beispielsweise über vergangene Events und versuchen damit die Kommunikation zu den Fans aufrecht zu erhalten. Zusätzlich findet sich im Hauptbereich eine weitere Anwendung (6) wieder, die Aufschluss über die kürzlich vergangenen Aktivitäten gibt. Die sonst sehr zeitintensive Erfolgsmessung von Marketinginstrumenten wird somit um ein Vielfaches vereinfacht. Auf einen Blick kann eingesehen werden, wie viele Personen kürzlich Fan der Seite geworden sind, die Anzahl der Mitglieder, die darüber sprechen und sogar die Besuche vor Ort im Unternehmen, falls es die Nutzer in Facebook angegeben haben. Außerdem werden Administratoren Einblicke in die wö-chentliche Reichweichte der Beiträge und demografische Daten der Fans gewährt, um Marketingaktivitäten erfolgreicher durchführen oder Kunden besser ansprechen zu können.

Die TDS betreibt neben ihrer Unternehmensseite zusätzlich die TDS HR Services & Solutions Fanpage, um speziell über ihr HR Business Process Outsourcing Programm zu berichten und Kundenpflege zu betreiben:

Ahh 5: Kopfborcich dei TDS HR Services & Solutions in Facebook[191]

---

[191] Eigene Darstellung

Im Rahmen dieser soll vor allem der Kontakt zu Anwendern der TDS Personalsoftware aufrecht erhalten werden. Das Besondere an dieser Seite ist, dass die Nutzer, abgesehen von wöchentlichen Publikationen zu personalwirtschaftlichen Themen, innerhalb der Anwendung »Veranstaltungen« (7) Informationen über zukünftige TDS Events erhalten. Durch diese Applikation werden zahlreiche Fachvorträge, Präsentationen bzw. Arbeitsgruppen organisiert und dementsprechende Einladungen verschickt. Des Weiteren erhalten die Gäste darüber Informationen zum Rahmenprogramm und können unkompliziert die Agenda oder die Gästeliste einsehen.

Die Firma TDS hält sich bei ihrer Präsenz im Facebook-Netzwerk stets an den wesentlichen Grundsatz der Social Media – dem Zuhören. Durch Zuhören, sprich Beobachten, lernt ein Unternehmen, wie dessen Anspruchsgruppe kommuniziert, was sie bewegt und interessiert, welche Inhalte sie besonders begeistern und was sie stört. Denn nicht nur zu Beginn eines Projekts ist ein sogenannter Perspektivenwechsel sinnvoll, sondern auch währenddessen, um mögliche Fehler im Vorfeld zu vermeiden. Auf die Frage, wie wenig genug und wie viel zu viel ist, gibt es zwar keine Pauschalantwort, jedoch hat die TDS ein gelungenes Mittelmaß gefunden. Sie haben erkannt, dass je nach Thema und Zielgruppe die ideale Updatedichte von Fanpages variieren muss und Mitglieder nicht penetrant mit Werbung überschüttet werden sollten. Darüber hinaus nutzt das Unternehmen die in Facebook angemeldeten Mitarbeiter als Multiplikatoren und Botschafter der Message, die sie streuen möchten. Dabei beachtet die TDS stets, dass die Mitarbeiter nicht zu Social Media Aktivitäten verpflichtet werden, sondern freiwillig und aus Überzeugung die Publikationen ihrer Firma verbreiten – denn nur so kann authentisch und ehrlich Reputationsmanagement betrieben werden.

Betrachtet man im Gegenzug die sehr geringe Verwendung dieses Kommunikationskanals bei der PCS, wird deutlich, warum das erhoffte Ergebnis, möglichst viel Beachtung und Glaubwürdigkeit bei den Stakeholdern zu erwecken, noch Defizite aufweist. Zwar wurde bereits im März 2010 die PORTOLAN Commerce Solutions GmbH Facebook-Seite[192] erstellt, jedoch sind bisher nur sechs Neuigkeiten über jene veröffentlicht worden. Bei den wenigen Fans handelt es sich hauptsächlich um eigene Mitarbeiter und bisherige Dialoge mit anderen Nutzern fanden nicht statt. Abgesehen von der minimalen Reichweite der Werbebeiträge, blieb auch die Resonanz bezüglich einer angelegten Veranstaltung bis dato gänzlich aus. Ein solch vernachlässigtes Auftreten spiegelt Desinteresse gegenüber den Stakeholdern wider und ist daher negativer belastet, als gar keine Präsenz.

---

[192] Siehe Anhang, Anlage 6, S. 67

Damit die PCS ebenfalls von diesem erfolgversprechenden Marketinginstrument profitieren kann, müssen vorerst grundlegende Verbesserungen vorgenommen und anschließend daran erste Schritte zur Generierung von Fans durchgeführt werden:

* Hinzufügen einer Unternehmensbeschreibung und sämtlicher Kontaktinformationen
* Anwendungen bzw. Applikationen integrieren, um den Unterhaltungswert zu steigern
* Erstellung eines Redaktionsplans für qualitativ höherwertige Beiträge
* Für besseren Streueffekt die eigene Mitarbeiter in den Prozess mit einbeziehen
* Die Facebook-Seite auch offline bekannt machen und in Printwerbung darauf hinweisen
* Social Media Schnittstelle auf der eigenen Unternehmenshomepage implementieren
* Einfügen des Facebook-Logos in die digitale Kommunikation oder auf Werbeartikeln
* Regelmäßigen Perspektivenwechsel für bessere Kundenansprache durchführen

Durch Beachtung dieser überschaubaren Punkte wäre es möglich, die Relevanz und die Qualität des Kommunikationskanals Facebook beträchtlich zu steigern und die externe Unternehmenskommunikation in diesem Bereich fortlaufend zu optimieren.

3.3.2.2 XING

Seit November 2010 nutzt die TDS das soziale Business Netzwerk XING, um sich mit Kunden, Aktionären, Mitarbeitern oder sonstigen Organisationen aus der Branche zu vernetzen. Dem Pressesprecher Michael Erhard zufolge zählt das XING-Unternehmensprofil zu den wichtigsten Kommunikationsplattformen der Firma und wird daher sehr regelmäßig mit aktuellem Input versorgt. Wie in Abbildung 5 dargestellt ist, stehen auch hier die Kontaktdaten, eine kurze Unternehmensbeschreibung und das Firmenlogo der TDS im Vordergrund:

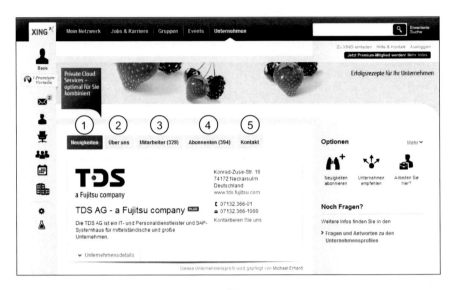

Abb. 6: Unternehmensseite der TDS in XING[193]

Im Gegensatz zu Facebook, wo Nutzer mit Hilfe von Anwendungen durch Unternehmens-seiten navigieren, sind bei XING sogenannte Reiter richtungsweisend. Gelangt ein Nutzer beispielsweise über die Suchfunktion auf das TDS Profil, so ist standardmäßig der Reiter »Neuigkeiten« (1) aktiviert. Hier werden, ähnlich der Pinnwand auf Facebook, Neuigkeiten und aktuelle Themen rund um die TDS veröffentlicht. Im nächsten Menüpunkt (2) des Profils finden Nutzer, neben einer ausführlichen Unternehmensbeschreibung, auch Informationen zu den Geschäftsbereichen IT Outsourcing, IT Consulting und HR Services & Solutions. Des Weiteren sind im Fußbereich der Seite Arbeitgeberbewertungen in Kooperation mit der Firma Kununu einsehbar, die anonym von Arbeitnehmern, Azubis oder Bewerbern verfasst wurden. Wie der Name des Reiters (3) schon sagt, werden hier die Mitarbeiter, welche sich bei XING registriert und mit der TDS verbunden haben aufgelistet. Als Mitglied lassen sich hier außerdem Informationen über deren Bildungsgrad und Karrierestufe einsehen. Im diesem sozialen Netzwerk gibt es anstelle des Facebook »Gefällt mir« Buttons, die Möglichkeit eine Unternehmenspräsenz zu abonnieren – Fans bzw. Abonnenten werden im Menüpunkt (4) aufgeführt. Der Theorie zufolge wird mög-lichst viel Glaubwürdigkeit und Vertrauen bei den Zielgruppen erweckt, wenn mit den Kunden ein Dialog auf Augenhöhe geführt wird. Dieses Business-Netzwerk hebt sich vor allem in jenem Punkt von den restlichen Social Media Plattformen ab, denn in der Katego-rie (5) können Stakeholder in unmittelbaren Kontakt mit leitenden Mitarbeitern der TDS treten:

---

[193] Eigene Darstellung

Abb. 7: Kontaktbereich der TDS Unternehmensseite in XING[194]

Weder Facebook, Twitter, Youtube noch Corporate Blogs bieten den Anspruchsgruppen solch eine Gelegenheit in direkte Verbindung mit der Organisation bzw. deren Team zu treten. Neben der Berufsbezeichnung des Mitarbeiters (6), Name und Anschrift (7) und einem persönlichen Zitat zum Unternehmen (8), stehen verschiedene Kontaktmöglichkeiten (9) zur Auswahl. Die TDS vermittelt durch dieses Angebot eine sehr fortschrittliche Offenheit im Umgang mit Beschwerden, Verbesserungen, Stellenanfragen oder sonstigen Mitteilungen – was sich wiederum positiv auf das Image bzw. die Reputation auswirkt. Nur wenige Firmen bieten Nutzern von sozialen Netzwerken eine derartige Transparenz, wie die TDS an, die auch hier wieder einen Wettbewerbsvorteil durch ihre innovative Denkweise generieren kann.

Neben der Verwendung von XING als Kommunikationsschnittstelle nutzt das Unternehmen die Plattform auch für das Einladungs- und Community-Management. Dafür wurde 2009 eine gesonderte XING-Gruppe mit dem Namen »TDS Personaler Forum«[195] gegründet, die sich auf die eigens organisierte Veranstaltungsreihe Personaler Forum bezieht. Die Veranstaltungen richten sich an Fach- bzw. Führungskräfte des Personalmanagements und beginnen jeweils mit einem Fachvortrag, Erfahrungsbericht oder Workshop aus der Praxis. Anschließend folgt eine Diskussionsrunde, die den Teilnehmern Gelegenheit zum Knüpfen von Kontakten oder dem Austauschen von Erfahrungen bietet. Bei der XING-Gruppe geht es hauptsächlich darum, aktuelle und strategische Themen

---

[194] Eigene Darstellung
[195] Siehe Anhang, Anlage 7, S. 68

des Personalmanagements zu diskutieren, sich mit Kollegen hierüber auszutauschen und das Know-How im Netzwerk zu erweitern. Vor allem Geschäftsführer, HR-Manager, Personalentwickler, Personalreferenten und Wissenschaftler, aber auch Controller und Juristen zählen zu den rund 1000 Mitgliedern, die in dieser Gruppe interessante Anregungen und Lösungsvorschläge finden.

Solch einer Gruppe, die eher einem Forum gleicht, kommt auf XING eine zentrale Bedeutung zu. Während das Unternehmensprofil relativ statisch wirkt und nichts ist, bei dem man täglich stundenlang aktiv sein kann, spielt sich das eigentliche virtuelle Leben in den XING-Gruppen ab. Mitglieder finden diese entweder über die Suchfunktion, Gruppenkategorien oder indem sie eigene Kontakte durchstöbern und deren Mitgliedschaften ausfindig machen. Die meisten Gruppen sind öffentlich zugänglich, jedoch muss beim geschlossenen TDS Personaler Forum erst eine Beitrittsbegründung gestellt werden, damit qualitative Beiträge fortlaufend gewährleistet sind. Des Weiteren werden neue Mitglieder dazu bewegt, sich vorzustellen, zu zeigen wer sie sind, was sie machen und warum sie gerade dieser Gruppe beigetreten sind. Erst dann können Erfahrungen unbehelligt mit anderen interessierten Nutzern ausgetauscht werden, beobachtet werden worüber die Branche diskutiert oder im konkreten Fall bei Fragen weitergeholfen werden. Auch wenn XING ein berufliches Netzwerk ist, wird hier großen Wert darauf gelegt, dass Verkaufs- bzw. Vertriebsaktivitäten in den Hintergrund treten und die Mitglieder stattdessen durch Sympathie und Kompetenz angesprochen werden. Daher veranstaltet die TDS seit geraumer Zeit im deutschsprachigen Raum die Veranstaltungsreihe Personaler-Forum, bei der sich Mitglieder persönlich kennenlernen und austauschen können.

Wie im theoretischen Teil dieser Studie bereits erwähnt, besteht die Herausforderung für Unternehmen unter anderem darin, den folgenden sechs Punkten des Social Media Code of Ethics gerecht zu werden: *Respekt*, *Sachlichkeit*, *Erreichbarkeit*, *Glaubwürdigkeit*, *Ehrlichkeit* und *Recht*. Dies hat die TDS sowohl durch respektvollen Umgang, themenbezogene Inhalte, sachliches und schnellstmögliches Feedback, als auch durch permanente Transparenz, offene Kommunikation mit Mitgliedern sowie Respektierung der Nutzerrechte maßgeblich geschafft. Der beispielhafte XING-Auftritt lässt sich auf das ausgewogene Verhältnis von repräsentativem Unternehmensprofil und interessanter Informationsgruppe zurückführen. Dadurch entstehen für die Firma wichtige Wettbewerbsvorteile in Marketing und Werbung, Vertrieb und Kundengewinnung sowie Feedback und Image.

Wie die folgende Abbildung 6 zeigt, steckt die XING-Präsenz der PCS im Vergleich dazu noch in den Kinderschuhen:

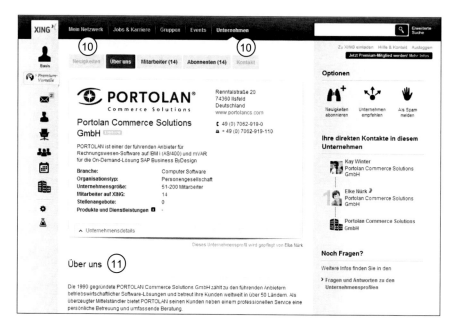

Abb. 8: Unternehmensseite der PCS in XING[196]

Die wohl wichtigsten Reiter (10) fehlen vollständig, wodurch der PCS wesentliche Chancen im Social Media Umfeld entgehen. So ist es beispielsweise ohne die Funktion Neuigkeiten nicht möglich, Statusupdates herauszugeben, Nachrichten zu veröffentlichen oder Kunden aufgrund interessanter Themen als Abonnenten zu gewinnen. Da keine Ansprechpartner angelegt wurden, können Mitglieder ebenso nicht in direkten Kontakt mit geeigneten Mitarbeitern treten. Trotz der recht überschaubaren, hinterlegten Beschreibung (11) wirkt das Profil sehr intransparent und leblos. Dies spiegelt sich auch in den wenigen 14 Abonnenten, welche sich lediglich aus Mitarbeitern der PCS zusammensetzen, wider. Abgesehen von der geringen Reichweite denkbarer Werbeeinträge, würden somit auch die Reaktionen einer angelegten Veranstaltung gänzlich ausbleiben. Da in diesem Netzwerk, im Gegensatz zu Facebook, von den Nutzern nicht nachvollzogen werden kann, wann ein Auftritt angelegt wurde bzw. sich so das Engagement der Firma ableiten lässt, kann die PCS durch zügige Vervollständigung der Unternehmensseite noch einen negativen Eindruck verhindern.

Damit also das starre und gleichgültig wirkende Profil zu einem chancenreichen Instrument der externen Unternehmenskommunikation heranwachsen kann, sollten diverse Ergänzungen realisiert und zusätzliche Schritte für einen Abonnentenzuwachs vorgenommen werden:

---

[196] Eigene Darstellung

- Eigene Mitarbeiter darum bitten, die PCS als ihren Arbeitgeber in XING zu hinterlegen
- Für direkten Kundenkontakt, Ansprechpersonen in dem Reiter »Kontakt« hinzufügen
- Mit Hilfe eines Redaktionsplans lesenswerte Beiträge bei »Neuigkeiten« veröffentlichen
- Durch Integration der eigenen Mitarbeiter in den Prozess die Werbereichweite erhöhen
- Den Auftritt auch offline und über die Unternehmenshomepage bekannt machen
- Das XING-Logo bzw. Schnittstelle zur Plattform in die E-Mail Kommunikation einbinden
- Erstellung einer XING-Gruppe, um Abonnenten weitere interessante Inhalte zu bieten
- Im Sinne der Nutzer denken, um das Angebot den Bedürfnissen optimal anzupassen

Geht die PCS wie in den beschriebenen Schritten vor, wäre es möglich, schon nach geringer Zeit eine enorme Qualitätssteigerung in diesem Kommunikationsinstrument zu erreichen. Mit dem darauffolgenden Wachstum an Abonnenten und der damit verbundenen Ausbreitung der Werbezielgruppe, könnte ein effektives Marketingwerkzeug geschaffen werden, welches die externe Unternehmenskommunikation zukünftig vorantreibt.

3.3.2.3 Twitter

Der erste Beitrag auf der TDS Twitter-Seite wurde bereits im Februar 2010 veröffentlicht. Das Unternehmen hat erkannt, dass dieses Netzwerk die Chance bietet, eine persönliche Kundenbindung durch direkten Kontakt aufzubauen. Der Nutzer erfährt hier anstelle eines konventionellen Telefongesprächs oder üblichen E-Mail Verkehrs einen authentischen, transparenten und öffentlichen Service. Dies hat einerseits positiven Einfluss auf das Unternehmensimage, andererseits hilft es dabei langfristig dabei den Beratungsaufwand zu verringern, da die Beiträge von Suchmaschinen gefunden werden. Zwar sind die auf 140 Zeichen beschränkten Botschaften kurz und prägnant, jedoch verhelfen sie der TDS zu einem schnellen Überblick über das Feedback ihrer Dienstleistungen. Wie auf der Abbildung 7 zu sehen ist, wurde auch bei diesem Social Media Auftritt darauf geachtet, dass weitere Kontaktmöglichkeiten hinterlegt sind und das Unternehmenslogo einen Wiedererkennungseffekt bei Kunden auslöst (1):

Abb. 9: Kopfbereich der TDS Unternehmensseite in Twitter[197]

Der Button »Follow« (2) ist mit Facebooks »Gefällt mir« Button oder der Abonnieren-Funktion bei XING gleichzusetzen. Drückt der Nutzer jenen, verbindet er sich mit dem Unternehmen, bezieht Statusupdates von diesem und bekommt aktuelle Beiträge auf seiner personalisierten Startseite angezeigt. Die TDS legt besonderen Wert darauf, dass einerseits zwar interessante Nachrichten veröffentlicht werden, andererseits aber auch authentische, emotionale Inhalte. So stellt man als Follower fest, dass des Öfteren Publikationen in der Ich-Perspektive verfasst werden, die einen kollegialen Eindruck vermitteln. Auch bei der Quantität von PR-Beiträgen hat das Unternehmen ein gelunge-nes Mittelmaß gefunden, denn Nutzer werden von einer hohen Frequenz solcher eher abgeschreckt. Viele Inhalte handeln beispielsweise von dem Alltag der TDS Mitarbeiter und lassen die Kunden an den Geschehnissen im Unternehmen teilhaben. Zudem wird regelmäßig über vereinbarte Kooperationen, Büroerneuerungen, Umzüge, neue Service-einrichtungen und personalwirtschaftliche Themen berichtet.

Die Funktion (3) gibt den Nutzern die Möglichkeit eine direkte Konversation mit dem Unternehmen einzugehen, ohne dass diese öffentlich einsehbar ist. Damit bietet die TDS ihnen an, Beschwerden zu verfassen, Verbesserungen mitzuteilen oder offene Stellen zu erfragen. Auch diese Mitteilungen müssen möglichst prägnant formuliert werden, da hier ebenfalls die 140-Zeichen-Regel gilt. Aufgrund dieser plattformspezifischen Besonderheit lässt sich also sagen, dass die Firma den Social Media Dienst weniger für Neukundenge-winnung oder umfangreiche Kundenpflege verwendet, sondern die Kundenbindung und das authentische Auftreten im WWW die Hauptrolle einnimmt.

---

[197] Eigene Darstellung

Abb. 10: Hauptbereich der TDS Unternehmensseite in Twitter[198]

Wie die Abbildung 8 darstellt, können Follower über das Eingabefeld (4) eine direkte und öffentlich einsehbare Mitteilung an die TDS senden. Jeder dieser Botschaften wird allerdings das Kürzel »@TDS_AG« vorangestellt, bei welchem es sich um den Benutzernamen der Organisation handelt. Dieser Zusatz ist einerseits bei der Zuordnung diverser Beiträge und andererseits bei der Recherche mit Hilfe der Realtime Search förderlich. Somit können andere Nutzer schnell Antworten auf ihre Fragen finden und das Unternehmen kann langfristig den Beratungsaufwand verringern, indem es auf vorherige Kurznachrichten verweist.

Im Bereich (5) der Abbildung 8 sind inhaltlich vergleichbare Accounts für die Twitter-Mitglieder einsehbar. Hier werden nach Zufallsprinzip Firmen angezeigt, die entweder aus derselben Branche stammen oder sich mit ähnlichen Sachverhalten befassen. Obwohl dies eher eine negative Funktion für die TDS darstellt, ist es dem Betreiber nicht möglich die Anwendung im Konto auszublenden – stattdessen soll es ihn dazu ermutigen, qualitativ höherwertige Meldungen als die Konkurrenz zu veröffentlichen und die Kunden somit auf der eigenen Seite zu halten.

Das Hauptaugenmerk aller Nutzer liegt zweifellos im Teil (6) der Abbildung 8. Hier erscheinen in umgekehrter chronologischer Reihenfolge die Statusupdates und aktuelle Nachrichten, welche von der TDS herausgegeben werden. Außerdem werden in diesem Bereich Antworten auf öffentliche Kundenfragen, Beratung zu Produkten oder Dienstleistungen sowie Geschehnisse im Unternehmen angezeigt. Alle eigens verfassten Beiträge

---

[198] Eigene Darstellung

sind an dem Firmenlogo zu erkennen – handelt es sich um einen sogenannten Ret-weet[199], ist das Profilbild des zitierten Mitglieds zu sehen.

Die TDS hat erkannt, dass dieses Kommunikationsinstrument ein bedeutungsvolles Werkzeug ist, um Kundenwünsche herauszufinden, wertvolles Feedback zu erhalten, Service in Echtzeit zu bieten und die Konkurrenz zu beobachten. Da die Suchmaschinen Google und Co. die Publikationen sofort indizieren, sind zum einen die eigenen Nachrich-ten und zum anderen die an das Unternehmen adressierten Nachrichten für jedermann sichtbar. Im Sinne des Marketings spricht ein weiterer wichtiger Aspekt für den Einsatz dieses sozialen Netzwerkes – die erhebliche Reichweite der Werbemitteilungen. Aufgrund der Retweet-Funktion und dem Engagement der eigenen Mitarbeiter können so bei-spielsweise plakative Produktinnovationen oder andere Werbeaktionen wesentlich schneller nach außen getragen werden. Des Weiteren lässt sich durch diesen Streueffekt das Community-Management vereinfachen, bei welchem es um das Verschicken von Veranstaltungseinladungen geht. Wie in der Theorie beschrieben, sollen Organisationen, um glaubwürdig zu erscheinen, eine möglichst authentische und unmittelbare Kommuni-kationsbeziehung zu ihren Kunden aufbauen. Bei dem Microblogging-Dienst Twitter liegt dieses Attribut sogar in der Beschaffenheit der Anwendung – jener Grundgedanke ist nämlich eine Dialogplattform bereitzustellen auf welcher größtmögliche Transparenz herrscht und die Nutzer unverfälscht miteinander in Kontakt treten können.

Die PCS kann in diesem Social Media Netzwerk bisher noch kein eigenes Benutzerkonto vorweisen. Alle Empfehlungen, den Kurznachrichtendienst Twitter als Instrument in die externe Unternehmenskommunikation mit aufzunehmen, wurden bislang außer Acht gelassen. Dadurch entgehen dem Unternehmen nicht nur einige Wettbewerbsvorteile, sondern es riskiert auch, dass unzufriedene Kunden dem guten Ruf im Netz schaden. Dieses Defizit sollte demnach geschlossen werden und Twitter anhand der folgenden Punkte als ein Teil der Social Media Kommunikation integriert werden:

• Benutzeraccount auf Twitter anlegen und einen aussagekräftigen Namen wählen

• Anschließend im Bereich »Einstellungen« wichtige Informationen zur PCS hinterlegen

• Das Firmenlogo in geeignetes Webformat konvertieren und als Profilbild verwenden

• Im Bereich »Biografie« eine Kurzbeschreibung mit maximal 160 Zeichen eintragen

• Anhand eines Redaktionsplans erste Beiträge veröffentlichen und Retweets auslösen

• Das Twitter-Logo als Verweis auf der eigenen Unternehmenshomepage implementieren

---

[199] Retweet ist der Begriff für eine Weiterleitung bzw. ein Zitat der Twitter-Meldung eines anderen Nutzers; vgl. Grabs, A.; Bannour, K. (2011), S. 180

• Neue Follower durch Newsletter, Gewinnspiele oder Printwerbung generieren

• Für bessere Kundenansprache im Sinne der Nutzer denken und Beiträge koordinieren

Bei diesem sozialen Netzwerk lohnt es sich außerdem die Mitarbeiter in Presse und Marketing zu schulen und somit ein gesellschaftspolitisches Sprachrohr nach außen zu betreiben. Falls der Mehrnutzen und der damit verbundene Aufwand für ein Unternehmen nicht in zufriedenstellender Relation stehen, kann Twitter auch alternativ zum Monitoring – dem Beobachten von Kunden und Konkurrenz – eingesetzt werden.

3.3.2.4 Youtube

Seit Dezember 2010 ist die TDS auf dem Videoportal Youtube mit einem eigenen Channel[200] vertreten. Auf diesem Kanal werden alle Videos gesammelt dargestellt, die von dem Unternehmen hochgeladen und veröffentlich wurden. Der Auftritt wurde z.B optisch an das CD angepasst (1) und verfügt über zusätzliche Module, welche es ermöglichen, Informationen über die Firma anzuzeigen:

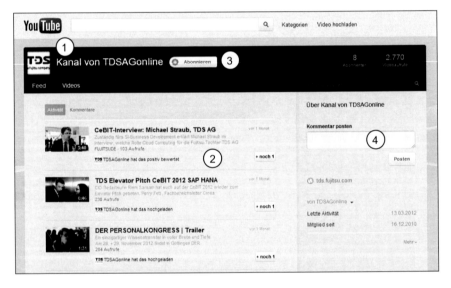

Abb. 11: Videochannel der TDS auf Youtube[201]

Die TDS stellt über diese Plattform unter anderem Werbespots, Making-Of-Videos oder Imagefilme bereit. Aber auch Interviews, Produktvorstellungen oder sonstige Filmmaterialien werden hier veröffentlicht, um sie anschließend über diverse soziale Netzwerke, wie Facebook, Twitter und Co. zu multiplizieren. Im Bereich (2) stehen den Nutzern die

---

[200] Englisch für Kanal
[201] Eigene Darstellung

Dateien in Listenform zur Verfügung und können dementsprechend kommentiert oder positiv bzw. negativ bewertet werden. Um die Filme einer bestimmten Gruppe von Konsumenten präsentieren zu können, nutzt die TDS die Möglichkeit der Promoted Videos. Diese werden nach dem hochladen mit passenden Schlagwörtern versehen und bei relevanten Suchanfragen neben den Ergebnissen angezeigt.[202] Auch bei Youtube gibt es für Mitglieder die Funktion eine Unternehmensseite zu abonnieren (3) bzw. aktuelle Beiträge auf ihrer personalisierten Startseite von der TDS zu beziehen. Des Weiteren ist der Bereich (4) mit einem Twitter-Beitrag oder Pinnwandeintrag auf Facebook vergleichbar, über welchen die Nutzer mit der Firma in öffentlich einsehbaren Kontakt treten können.

Die Marketingfachleute der TDS berücksigten beim Einstellen der maximal 15 Minuten langen Videos zudem einige wichtige Richtlinien. Sie nehmen beispielsweise auf den aktuellen Medienkonsum Bezug, indem sie möglichst kurze bzw. prägnante Filme einstellen, welche einen tatsächlichen Mehrwert in Form von Informationen bieten. Auch die Anmerkungen werden genutzt, um weitere Inhalte zu ergänzen und mit den Zuschauern zu kommunizieren. Gefällt dem Publikum das Gesehene, kann es, abgesehen vom Abonnieren, das Video via Facebook teilen oder als Weiterempfehlung per Email an Freunde verschicken. Dies wiederum führt zu einem höheren Streueffekt und die Reichweite der Marke sowie Unternehmensphilosophie wird um ein Vielfaches erhöht. Auch die Relevanz von internen und externen Suchmöglichkeiten für das Auffinden der Filme wird nicht unterschätzt. Kurzbeschreibungen, Kategorien und Schlagwörter werden angegeben und bieten der Community eine Hilfestellung beim Suchen von themengleichen Youtube-Videos. Im heutigen Web 2.0 ist es nämlich wichtig, dass den Nutzern nicht nur einseitiges Informationsmaterial geboten wird, sondern auch aufeinander Bezug nehmende Inhalte vorgeschlagen werden. Dieses gesellschaftspolitische Sprachrohr untermalt zum einen die PR Aktivitäten der Firma multimedial und ermöglicht somit zum anderen eine bessere Ansprache der Zielgruppe. Die TDS versucht sich nämlich auf diesem Wege auf eine unterhaltsame Art und Weise der Öffentlichkeit zu präsentieren. Mit Hilfe von Interviews bzw. Diskussionsrunden werden komplexe Themenbereiche anschaulich dargestellt und Nutzern diverse personalwirtschaftliche Sachverhalte erläutert. Solche Videos wirken auf Youtube völlig anders als auf der Unternehmenswebseite, wo Informationen meist in sachlicher Ebene vermittelt werden. Bei Youtube kommt ein gewisser Unterhaltungswert dazu, der auch Konsumenten anspricht welche die TDS und deren Leistung bisher noch nicht kannten.

---

[202] Siehe Anhang, Anlage 8, S. 69

Der Youtube-Auftritt der PCS weist im Gegensatz dazu recht wenige Wettbewerbsvorteile auf und erfreut sich nur sehr selten an neuen Videobeiträgen. Wie auf Abbildung 10 zu sehen ist, besteht der Kanal zwar seit Februar 2011 (5), jedoch haben sich bisher noch keinerlei Abonnenten (6) eingetragen, um den Inhalten zu folgen:

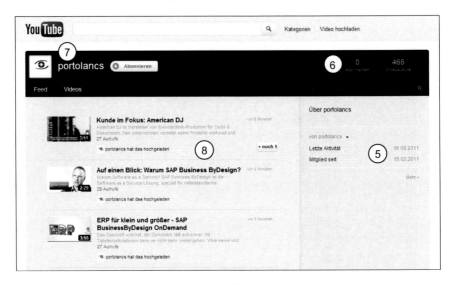

Abb. 12: Videochannel der PCS auf Youtube[203]

Abgesehen von dem unvollständig hinterlegten Firmennamen (7), sind auch die im Bereich (8) aufgelisteten Filme ein Beispiel für eine lückenhafte Präsenz auf Youtube. Die Videos wurden weder mit geeigneten Schlagworten ausgestattet, noch sind weiterführende Beschreibungen hinterlegt. Dies spiegelt sich auch in den relativ geringen Zugriffszahlen wider, welche bei vier von fünf Videos unter 40 Aufrufen liegen. Der erhoffte Streueffekt bzw. die Weiterempfehlung von Nutzern bleibt also aus und ein Wettbewerbsvorteil aus marketingtechnischer Sicht ist nur sehr gering vorhanden. Da die Kurzfilme jedoch einen tatsächlichen Mehrwert in Form von multimedialen Informationen bieten, sind bisher noch keine negativen Bewertungen abgegeben worden und das Unternehmensprofil steht in dieser Hinsicht vergleichsweise gut da.

Bevor Youtube als zusätzliches Instrument der externen Unternehmenskommunikation in vollem Umfang eingesetzt werden kann, sollten demnach folgende acht Punkte beachtet werden:

• Vervollständigung des Kanalnamens und der hinterlegten Unternehmensinformationen

• Erweiterung von passenden Schlagwörtern für eine höhere Relevanz in Suchmaschinen

---

[203] Eigene Darstellung

- Die weiterführende Beschreibung der Videos, um zusätzliche Informationen ergänzen
- Verknüpfung des Youtube-Accounts mit anderen sozialen Plattformen einrichten
- Das Youtube-Logo als Verweis auf der eigenen Unternehmenswebseite integrieren
- In zukünftigen Newslettern oder Onlinekampagnen auf den Channel hinweisen
- Regelmäßig interessante Videobeiträge hochladen und Weiterempfehlungen auslösen
- Die Reaktionen der Nutzer abwarten und auf Kommentare bzw. Anliegen eingehen

Durch Berücksichtigung dieser Punkte wäre es möglich, schon nach kurzer Zeit eine erhebliche Qualitätssteigerung in diesem Kommunikationsinstrument zu erzielen. Mit dem anschließenden Wachstum an Abonnenten und dem damit verbundenen Streueffekt könnte zudem ein effektives Marketingwerkzeug geschaffen werden, welches die externe Unternehmenskommunikation zukünftig multimedial unterstreicht.

3.3.2.5 Corporate Blogs

Wie im theoretisch ausgearbeiteten Teil der Studie beschrieben, tauschen sich Konsumenten im WWW viel über Organisationen und deren Produkte aus – sei es in privaten Konversationen oder auf öffentlichen Plattformen. Die TDS hat schon Anfang 2010 erkannt, dass sie jenen Dialog im Sinne des Unternehmens durch einen Corporate Blog beeinflussen können. Mit Hilfe dieses Kommunikationskanals ist es ihnen gelungen, sehr authentisch und offen wahrgenommen zu werden und eine ganz neue Qualität an Kundenkontakt zu generieren. Der unternehmenseigene Blog ist heutzutage aus dem Marketing-Mix der TDS kaum noch wegzudenken, denn er dient Konsumenten als Informationsquelle, ergänzt Befragungen oder Mailings und ersetzt teilweise sogar Newslettersendungen. Im Vergleich zur klassischen Unternehmenskommunikation besteht der Unterschied darin, dass sich die Leser freiwillig informieren und selbst aktiv am Dialog teilnehmen, weshalb Streuverluste weitestgehend ausgeschlossen werden können. Auch das Image profitiert von dieser Plattform, da Nutzer die Möglichkeit haben, öffentliches Feedback zu geben und bei der Gestaltung der Inhalte selbst mitzuwirken.

Wie in Kapitel 3.2.1 bereits erwähnt, gehört das börsennotierte Unternehmen seit 2007 zu Fujitsu. Aus diesem Grund bietet es sich an, die Pflege des Corporate Blogs gemeinsam durchzuführen und geschäftsbereichsübergreifende Inhalte zu publizieren. Auf dieser Plattform finden sich somit Beiträge über Produkte und Leistungen von Fujitsu, den zugehörigen Tochtergesellschaften, als auch von der TDS. Wie auf Abbildung 11 zu sehen ist, wurde auch das CD entsprechend der Fujitsu eigenen Farbpalette angepasst und folglich dem Weblog einen Wiedererkennungswert verliehen:

Abb. 13: Corporate Blog der TDS[204]

Im oberen Bereich (1) auf der linken Seite des Blogs ist das Firmenlogo angebracht, welches sich durch den weißen Hintergrund stilvoll von dem restlichen Auftritt abhebt. Abgesehen von der auf der rechten Seite angebrachten Suchfunktion, die eine Blogrecherche stark vereinfacht, befindet sich darunter ein zum CD passender Banner, der die Aufmerksamkeit der Besucher weckt und sie zum Lesen einlädt. Im Mittelteil (2) findet das Hauptgeschehen der Plattform statt – aktuelle Nachrichten und firmenbezogene Beiträge werden hier veröffentlicht. Außerdem haben die Nutzer dort die Möglichkeit, ihre kritische Meinung zu den jeweiligen Artikeln einzubringen und diese gegebenenfalls über Facebook, Twitter und Co. zu vervielfältigen. Sowohl das übersichtliche Navigationsmenü (3),

---

[204] Eigene Darstellung

als auch die ausdrucksvolle Tag-Cloud[205] (4) weisen die Leser auf interessante Themen hin und führen sie durch den Corporate Blog. Des Weiteren können sich die Benutzer die Beiträge anhand eines Kalenders (5) sortiert anzeigen lassen, wodurch eine effiziente und schnelle Recherche sichergestellt ist. Vor allem jene praktischen Such- bzw. Sortierfunktionen stellen im Vergleich zu den anderen sozialen Netzwerken einen enormen Vorteil dar und sind für eine gezielte Kundenansprache von Relevanz. Darüber hinaus bietet die TDS den Nutzern über eine sogenannte Podcast-Funktion (6) die Möglichkeit an, sich die verschiedenen Artikel auf ihre Smartphones herunterzuladen und diese anschließend als Sprachdateien anzuhören.

Durch das Instrument Corporate Blog ist es der Organisation gelungen, eine neue Qualität an Kommunikation zu generieren und von den Stakeholdern als sehr authentisch wahrgenommen zu werden. Ein Großteil der externen Unternehmenskommunikation des Konzerns findet über diese vertrauensvolle Plattform statt und befriedigt die Mehrheit der Informationsbedürfnisse von sämtlichen Anspruchsgruppen. Mit der Einhaltung des Social Media Code of Ethics und dem damit verbundenen respektvollen Umgang mit den Nutzern, den themenbezogenen und sachlichen Inhalten, dem schnellstmöglichen Feedback, der dauerhaften Transparenz sowie der Respektierung der Nutzerrechte hat es die TDS geschafft, bedeutende Wettbewerbsvorteile für sich zu schaffen. So wurde die Reichweite für das Marketing beachtlich erweitert, Weiterempfehlungsfunktionen für die Kundengewinnung zur Verfügung gestellt und das Unternehmensimage durch ehrliche Kommunikation obendrein verbessert.

Die PCS zählt einen Weblog bisher noch nicht zu den Werkzeugen ihrer Unternehmenskommunikation. Zwar werden auf der Webseite hin und wieder Neuigkeiten über die Firma publiziert, jedoch finden sich diese nur über eine recht unauffällige Unterkategorie. Auch die Funktion als Leser auf Artikel zu reagieren bzw. diese über soziale Netzwerke zu teilen ist bisher nicht vorhanden. Damit also auch die PCS von den Wettbewerbsvorteilen eines Corporate Blogs profitieren kann, sollte demnach dieses Kommunikationsdefizit geschlossen werden und eine solche Plattform anhand der folgenden Punkte als Teil des Social Media Dialogs eingeführt werden:

• Konzept für das Design mit internen oder externen Marketingfachleuten entwerfen

• Geeignetes System für die Umsetzung identifizieren und Projektteam zusammenstellen

• CD anpassen, Wiedererkennungswert verleihen und den Weblog online schalten

• Erstellung eines Redaktionsplans und Veröffentlichung erster interessanter Beiträge

---

[205] Eine Tag-Cloud listet die beliebtesten bzw. gängigsten Wörter eines Blogs in alphabetischer Reihenfolge und visuell nach Schriftgröße gewichtet auf; vgl. Costello, V.; Youngblood, S. A.; Youngblood, N. E. (2012), S. 168

- Implementierung eines Verweises auf der PCS Unternehmenswebseite

- Die Seite auch offline bekannt machen und in Printwerbungen darauf hinweisen

- Zukünftige Newslettersendungen reduzieren und über den Blog kommunizieren

- Kontinuierliche Anpassung des Informationsangebots im Sinne der Leser

Die Fertigstellung des Projekts und Beachtung dieser überschaubaren Punkte würde die externe Unternehmenskommunikation der PCS bedeutend vorantreiben. Konsumentendialoge könnten im Sinne des Unternehmens besser beeinflusst werden und der bisherigen PR käme ein neuer Wert an Glaubwürdigkeit zu.

3.4 Weitere Handlungsempfehlungen

Abgesehen von den aus der Potentialanalyse abgeleiteten Handlungsempfehlungen, sollten zudem die Mitarbeiter der PCS auf allgemeine Aspekte zu Veröffentlichungen im Internet bzw. in sozialen Netzwerken hingewiesen werden. Laut dem Pressesprecher der TDS zufolge lassen sich diese in sechs Leitsätzen ausdrücken:[206]

1. *Das Netz vergisst nichts.* Die Mitarbeiter müssen beachten, dass sich bereits veröffentlichte Einträge nur schwer oder gar nicht löschen lassen. Inhalte, mit denen die Reputation von Geschäftspartnern oder der eigenen Firma beschädigt wird, gehören nicht in die Öffentlichkeit. Als Faustregel können sich die Angestellten merken, dass sie nichts publizieren sollten, hinter dem sie nicht mindestens ein Jahr später noch stehen oder einer fremden Personen erzählen würden.

2. *Im Netz ist (fast) nichts anonym.* Auch anonyme Beitragsschreiber können meist über eine sogenannte IP-Adresse[207] geortet werden oder zumindest einem Unternehmen zugeordnet werden. Daher können namenlose Veröffentlichungen kontraproduktiv für den Verfasser oder dessen Arbeitgeber sein.

3. *Unscharfe Trennung zwischen Privatem und Dienstlichem.* Beiträge mit arbeitsspezifischem Bezug – beispielsweise in Xing-Foren – werden nicht nur mit dem Namen des Verfassers, sondern auch mit dessen Arbeitgeber angezeigt und von Lesern daher oft als offizielle Position des Unternehmens aufgefasst. Private Meinungen, in deren Kontext der Arbeitgeber genannt ist, sollten daher explizit als persönliche Auffassung gekennzeichnet werden (z.B. durch Formulierungen wie „Meines Erachtens…" oder „Ich bin der Meinung, dass…").

---

[206] Vgl. Erhard, M. (2012)
[207] Die IP-Adresse ist die eindeutige digitale Adresse eines Computers oder Internetservers innerhalb eines Netzwerkes; vgl. Wien, A. (2012), S. 3 f.

4. *Zeitliche Abläufe sind nachvollziehbar.* Da der Zeitpunkt von Beiträgen im Internet nachvollziehbar ist, können ebenfalls Verstöße gegen das Einhalten von Sperrfristen (z.B. bei börsenkursrelevanten Informationen oder Produkterneuerungen) im Nachhinein leicht aufgedeckt werden. Ist sich ein Mitarbeiter bei der Publikation bestimmter Themen nicht sicher, sollte vor Veröffentlichung die Meinung eines Vorgesetzten eingeholt werden.

5. *Urheberrechtsverstöße können leicht entdeckt werden.* Zitate sind als solche zu kennzeichnen; das Verwenden von urheberrechtsgeschützten Inhalten, Bildmaterial und Videos ist strafbar und von den Mitarbeitern zu unterlassen. Auch andere gesetzlichen Vorgaben – etwa zum Schutz der Privatsphäre oder vor Diskriminierung – sind zu berücksichtigen.

6. *Mehrwert statt „kaltem Kaffee".* Im Geschäftsumfeld interessieren keine Wettervoraussagen, Auskünfte über den Geschmack des morgendlichen Kaffees oder private Angelegenheiten – gefragt sind Inhalte, die der Zielgruppe einen Mehrwert bieten.

Im Sinne dieser Richtlinien soll die Kommunikation positiv gestaltet werden und für einen effektiven Einsatz von Social Media im und für das Unternehmen sorgen. Sie sollen den Mitarbeitern kein Verhalten diktieren, sondern vielmehr als leicht verständlicher Ratgeber dienen, der Sicherheit im Umgang mit sozialen Netzwerken gibt und das Verhalten im Sinne des Unternehmens und seiner Philosophie formuliert. Da manch einer von den Leitsätzen abgeschreckt werden könnte, empfiehlt es sich, jene innerhalb einer Schulung zu vermitteln und auftretende Fragen, wie z.B. die private Nutzung von Social Media während der Arbeitszeit, zu klären. Denn die Mitarbeiter sollten ermutigt werden, aktiv am Social Web teilzunehmen und als loyaler Repräsentant der Firma zu handeln. Um die Akzeptanz und das Verständnis der Richtlinien zu fördern, bietet sich zudem an, die Schulungsteilnehmer aktiv in den Entwicklungsprozess mit einzubeziehen und gemeinsam die Leitsätze zu erarbeiten.

Die extern wahrnehmbar gelebte Marke stellt einen deutlichen Mehrwert für die Unternehmung dar. Damit diese von der Zielgruppe auch positiv aufgenommen wird, sollte bei der Veröffentlichung von Inhalten stets auf respektvollen bzw. höflichen Umgang, Ehrlichkeit und Authentizität geachtet werden. Kommentare und Beiträge müssen wohl überlegt sein, da sie auch nach Jahren noch im Internet zu finden sein werden. Des Weiteren ist es für das Unternehmen förderlich, wenn die Mitarbeiter zuständige Stellen über negative und positive Äußerungen zu einem Produkt oder der Firma selbstständig informieren. Im Laufe der Zeit kann es ferner dazu kommen, dass einige Plattformen ihr Regelwerk aktualisieren oder Gesetzesänderungen in Kraft treten. Die Leitsätze müssen daher kontinuierlich aktualisiert und an die Weiterentwicklung des Social Webs angepasst werden.

Obwohl sich der Einsatz von Social Media bei der PCS noch in Grenzen hält, müssen die Angestellten zunächst über die Richtlinien in Kenntnis gesetzt werden. Die meisten von ihnen agieren nämlich bereits als Privatpersonen in sozialen Netzwerken und können in dieser Situation als Teil des Unternehmens wahrgenommen werden. Generell verschwimmen die Grenzen zwischen privater und beruflicher Kommunikation immer mehr und Mitarbeiter sollten zu einer expliziten Kennzeichnung des privaten Profils aufgefordert werden. Im Anschluss daran kann, ausgehend von den ermittelten Chancen während der Potentialanalyse, auf die plattformspezifischen Handlungsempfehlungen eingegangen werden und die externe Unternehmenskommunikation fortlaufend optimiert werden.

4. Schlussbetrachtung

In der vorliegenden Studie wurde gezeigt, dass es sich bei dem Einsatz von Social Media als Instrument in der externen Unternehmenskommunikation um eine komplexe Aufgabe handelt. Unternehmen müssen dafür viele Teilaspekte koordinieren – nicht um das Engagement auf die eine richtige Weise zu betreiben, sondern um Voraussetzungen zu schaffen, damit es erfolgreich sein kann. Abgesehen von fortlaufendem Monitoring, über die Erstellung von Inhalten mit tatsächlichem Mehrwert, bis hin zur angemessenen Reaktion auf Kritik sind es viele Faktoren, die zusammen einen guten Auftritt im Social Web ausmachen. Zudem bedarf es dabei vor allem an einsatzbereiten Mitarbeitern, die offen gegenüber Neuem sind und sich gerne mit der Materie des Internets auseinandersetzen. Im Fall der PCS hat sich während der Potentialanalyse herauskristallisiert, dass die sozialen Netzwerke und deren Anwendungsmöglichkeiten für die Unternehmenskommunikation eine merkliche Verbesserung darstellen würden. Für eine erfolgreiche Einführung dieses Kommunikationskanals bedarf es jedoch einer intensiven Planung, Durchführung und Kontrolle. Wird die Social Media Strategie nicht ausreichend bedacht, läuft die PCS Gefahr einem Hype zu erliegen oder ziellos in den Weiten des Webs umherzuirren und vergeblich darauf zu hoffen, dass Nutzer zufälligerweise virtuell vorbeischauen. Nur durch das Setzen von konkreten, sinnvollen und realistischen Zielen, werden Erfolge erkenn- und messbar sein. Die TDS als Best Practice Beispiel und die abgeleiteten Handlungsempfehlungen sollen dabei als Inspiration dienen, um unter anderem auch das eigene Leistungsdefizit besser quantifizieren und auftretende Probleme frühzeitig unterbinden zu können. Neben bisherigen Instrumenten, wie klassischer Öffentlichkeitsarbeit, Sponsoring, Pressemitteilungen, Besuche von Messen, Veranstaltungen, persönliche Kundenkontakte und Kundenmailings, könnte also durch das Agieren im Social Web das Manko, in Bezug auf das Erwecken von möglichst viel Aufmerksamkeit und Vertrauen bei den Zielgruppen, beseitigt werden.

Die Wandlung zum Social Web hat sowohl das Internet revolutioniert, als auch Unternehmen dazu bewogen, ihre Rolle auf den Plattformen zu finden und zu nutzen. Eine erwähnenswerte Frage bleibt jedoch: *Was wird uns Social Media in den kommenden Jahren bringen?* Über diese Entwicklung und zukünftige Bedeutung für die Gesellschaft können nur Vermutungen angestellt werden. Immer häufiger integrieren Organisationen die Variable der Social Media in ihren Unternehmensablauf und den Kommunikationsprozess bzw. betreiben darüber Marketing. Daher ist abzusehen, dass sich ein Leitmedienwechsel von TV hin zum Internet vollziehen und das bis dato längst nicht ausgeschöpfte Potential von Smartphones weiter ausgebaut wird. Technologien wie Augmented Reality[208] werden eine Vermischung der realen und virtuellen Welt herbeiführen. Zudem werden Menschen über ihre mobilen Endgeräte in der Lage sein, die Umgebung nach Sehenswürdigkeiten, Cafés, Geschäften oder sogar Angeboten und Produkten abzusuchen. Je nachdem, wo man sich befindet, sollen Kaufangebote individuell dem jeweiligen Standort entsprechend erscheinen und sich auf das persönliche Konsumverhalten beziehen. Auch den Bewertungen bzw. Empfehlungen von Freunden wird eine größere Bedeutung zukommen und bei Kaufentscheidungen eine immer wichtigere Rolle spielen. Dies wirkt sich wiederum auf andere Bereiche, wie etwa das Innovationsmanagement aus. Jene Disziplin kommt heutzutage schon nicht mehr ohne die intelligente Einbindung und Vernetzung der Kundenwünsche aus. Die Anregungen der Konsumenten sorgen für eine fortlaufende Optimierung der Produkte bzw. Dienstleistungen und liefern andererseits wichtige Anknüpfungspunkte für die Marktforschung. Statt aufwändiger Datenerhebungen kann ein gezieltes Beobachten der Internetnutzer Aufschluss über deren Bedürfnisse geben. Auch ein Kundenservice wird nicht länger nur über anonyme Hotlines funktionieren, sondern im Rahmen von öffentlich sichtbaren Dialogen stattfinden. Diese wachsende Informationsflut wird die Nutzer jedoch dazu zwingen, ihre Abonnements zu filtern. Ein möglicher Ermüdungseffekt könnte zudem dazu beitragen, dass sie ihre Aktivitäten in sozialen Netzwerken verringern und eine gewisse Resistenz gegenüber der Werbung im WWW entwickeln werden. Für Unternehmen bedeutet dies eine Konkurrenzsituation um die Inhalte mit dem größten Mehrwert und zwingt die Marketingabteilungen zu einer noch stärkeren Fokussierung auf relevante Inhalte. Gelingt dies der PCS erfolgreich, wird die Firma zukünftig einen wichtigen Vorsprung im Vergleich zu anderen Organisationen haben, welche das Social Web ignorieren.

Abschließend lässt sich schlussfolgern, dass Social Media Plattformen, wie Facebook, XING, Twitter, Youtube oder Blogs wichtige Werkzeuge sind, wodurch das Bedürfnis der Menschen, mit ihren Freunden oder Bekannten zu kommunizieren, erfüllt wird. Auch wenn das eine oder andere Netzwerk in den nächsten Jahren verschwinden sollte, wird sich das Informations- und Kommunikationsverhalten der Menschen nicht in Luft auflösen, sondern weiterentwickeln. Je eher sich Unternehmen damit auseinandersetzen, desto leichter wird es ihnen in Zukunft fallen, mit der raschen Entwicklung Schritt zu halten.

---

[208] Unter Augmented Reality versteht man eine Kombination aus wahrgenommener und vom Computer erzeugten Realität; vgl. Tönnis, M. (2010), S. 1 ff.

Anhang

Anlagenverzeichnis

Anlage 1: Entwicklung der monatlichen Kosten für eine tägliche Online-Stunde[209]

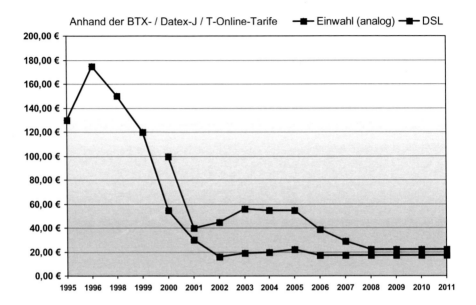

[209] In Anlehnung an: Alby, T. (2008), S. 7

Anlage 2: One-to-Many und Many-to-Many Modell[210]

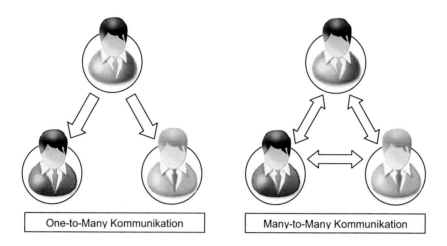

One-to-Many Kommunikation

Many-to-Many Kommunikation

---

[210] Eigene Darstellung

Anlage 3: Die relevantesten Social Media Dienste in der B2B-Kommunikation[211]

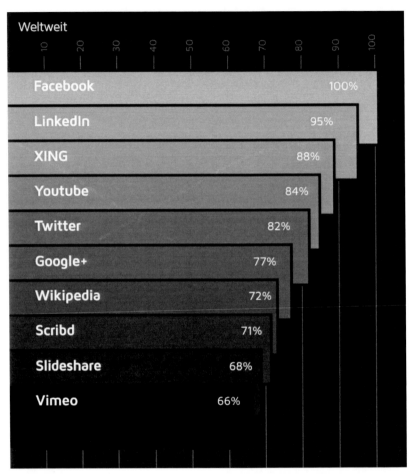

[211] Förster, S. (2012), Die relevantesten Social Media Dienste in der B2B-Kommunikation, http://www.sfe.de/relevanteste-social-media-dienste-in-der-b2b-kommunikation/ (Stand: 14.05.2012)

Anlage 4: Beispiel Facebook-Fanpage der OeTTINGER Brauerei-Gruppe[212]

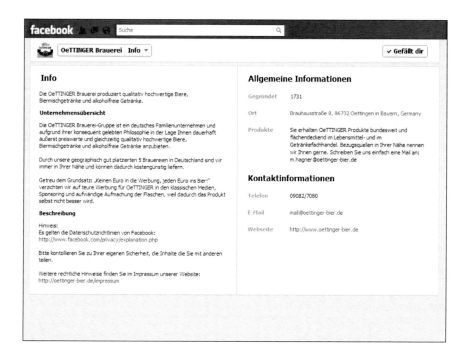

[212] Eigene Darstellung

Anlage 5: Anzahl der Blogs weltweit in Millionen[213]

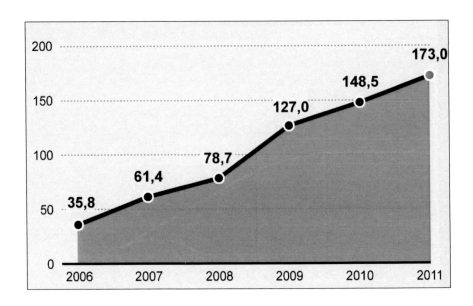

[213] In Anlehnung an: O.V. (2011), Anzahl der Blogs weltweit von 2006 bis 2011,
http://de.statista.com/statistik/daten/studie/220178/umfrage/anzahl-der-blogs-weltweit/ (Stand:
14.05.2012)

Anlage 6: PORTOLAN Commerce Solutions GmbH Facebook-Seite[214]

Anlage 7: TDS XING-Gruppe zum Personaler-Forum[215]

Anlage 8: TDS Youtube-Promoted-Videos[216]

Literaturverzeichnis

Alby, T. (2008): Web 2.0: Konzepte, Anwendungen, Technologien. Hamburg 2008.

Allgäuer, J. E.; Larisch, M. (2011): Public Relations von Finanzorganisationen: Ein Praxishandbuch für die externe und interne Kommunikation. München 2011.

Ambühl, R. (2010): Facebook Marketing leicht gemacht: Mit kleinen Mitteln viel erreichen; Wertvolle Praxistipps und kompakte Anleitungen. Basel 2011.

Bartel, R. (2011): Die große Social Media- & Online-PR-Bibel. Erfolgreiche Unternehmenskommunikation im Social Web, auf Facebook & Co. Düsseldorf 2011.

Bastoni, K. (2011): One vision, One Future, One GfK. In: Connect, 1. Jg. (2011), Heft 02/2011, S. 6.

Bauer, C.; Greve, G.; Hopf, G. (2011): Online Targeting und Controlling: Grundlagen, Anwendungsfelder, Praxisbeispiele. Hamburg 2011.

Bauer, H. H.; Heinrich, D.; Samak, M. (2011): Erlebniskommunikation: Erfolgsfaktoren für die Marketingpraxis. Mannheim 2012.

Bernauer, D.; Hesse, G.; Laick, S.; Schmitz, B. (2011): Social Media im Personalmarketing. Erfolgreich in Netzwerken kommunizieren. Köln 2011.

Brogan, C. (2011): Social Media für Quereinsteiger: Best Practice für Marketing, Vertrieb und PR. Portland 2011.

Costello, V.; Youngblood, S. A.; Youngblood, N. E. (2012): Multimedia Foundations: Core Concepts for Digital Design. Elon 2012.

Douglass, R. T.; Little, M.; Smith, J. W. (2006): Building Online Communities with Drupal, phpBB, and WordPress. Köln 2006.

Ebersbach, A.; Glaser, M.; Heigl, R. (2008): Social Web. Regensburg 2008.

Edelkamp, S.; Schrödl, S. (2012): Heuristic Search: Theory and Applications. Bremen 2012.

Far, S. M. (2010): Social Software in Unternehmen: Nutzenpotentiale und Adoption in der innerbetrieblichen Zusammenarbeit. Kassel 2010.

Frère, E.; Leonhardt, S.; Reuse, S. (2012): Social Media: Eine spieltheoretische Analyse zur Ableitung von Handlungsempfehlungen für Unternehmen. In: Controller Magazin, 37. Jg. (2012), Heft 02/2012, S. 4-8.

Gardner, S.; Birley, S. (2009): Blogging für Dummies. Vancouver 2009.

Gitomer, J. (2012): Social Boom!: Das Prinzip »Social Media«. Charlotte 2012.

Grabs, A.; Bannour, K. (2011): Follow me! Erfolgreiches Social Media Marketing mit Facebook, Twitter und Co. Salzburg 2011.

Gröppel-Klein, A.; Germelmann, C. C. (2009): Medien im Marketing: Optionen der Unternehmenskommunikation. Saarbrücken 2009.

Haug, A. (2012): Multisensuelle Unternehmenskommunikation: Erfolgreicher Markenaufbau durch die Ansprache aller Sinne. München 2012.

Hackmann, J. (2012): Mehr soziale Vernetzung wagen. In: Computerwoche, 39. Jg. (2012), Heft 08/2012, S. 14-19.

Hansmann, F. (2010): Mit Firefox ins Internet: Das Einsteiger-Handbuch für Erwachsene und Senioren, die mit Firefox das Internet für sich entdecken. Norderstedt 2010.

Hettler, U. (2010): Social Media Marketing: Marketing mit Blogs, Sozialen Netzwerken und weiteren Anwendungen des Web 2.0. München 2010.

Heymann-Reder, D. (2011): Social Media Marketing: Erfolgreiche Strategien für Sie und Ihr Unternehmen. Bornheim 2011.

Hilker, C. (2012): Erfolgreiche Social-Media-Strategien für die Zukunft: Mehr Profit durch Facebook, Twitter, Xing und Co. Düsseldorf 2012.

Hoffmann, L.; Leimbrink, K.; Quasthoff, U. (2011): Die Matrix der menschlichen Entwicklung: Linguistik – Impulse & Tendenzen. Dortmund 2011.

Janczewski, L. J.; Colarik, A. M. (2008): Cyber Warfare and Cyber Terrorism. Auckland 2008.

Jodeleit, B. (2010): Social Media Relations: Leitfaden für erfolgreiche PR-Strategien und Öffentlichkeitsarbeit im Web 2.0. Filderstadt 2010.

Kiepert, C. (2010): Integrative Unternehmenskommunikation: Wege zur Erschließung wichtiger Unternehmensressourcen. Bremen 2010.

Knight, W. (2011): Social Media 4 Business. London 2011.

Kuß, A.; Kleinaltenkamp, M. (2011): Marketing-Einführung: Grundlagen, Überblick, Beispiele. 5. Aufl., Berlin 2011.

Lammenett, E. (2009): Praxiswissen Online-Marketing: Affiliate- und E-Mail-Marketing, Keyword-Advertising, Online-Werbung, Suchmaschinen-Optimierung. 2., aktualisierte und erweiterte Aufl., Aachen 2009.

Lembke, G. (2011): Social Media Marketing: Analyse, Strategie, Konzeption, Umsetzung. Mannheim 2011.

Lutz, A.; Rumohr, J. (2011): XING optimal nutzen: Geschäftskontakte, Aufträge, Jobs. So zahlt sich Networking im Internet aus. 4., überarbeitete Aufl., München 2011.

Maaß, C. (2008): E-Business Management. Verl 2008.

MacDonald, M. (2009): Websites erstellen. Köln 2009.

Mast, C. (2008): Unternehmenskommunikation. 3. Aufl., Stuttgart 2008.

Mast, C. (2011): Innovationen in der Unternehmenskommunikation: Ergebnisse von Umfragen bei DAX-Unternehmen, Analysen und Meinungen. Stuttgart 2011.

Meister, R. (2009): Mietsoftware: Software as a Service rechnet sich immer mehr. Vom Modethema zur Innovation. In: Industrieanzeiger, 131. Jg. (2009), Heft 39, Leinfelden-Echterdingen 2009.

Nagl, A. (2011): Der Businessplan: Geschäftspläne professionell erstellen. Mit Checklisten und Fallbeispielen. 6., überarbeitete Aufl., Aalen 2011.

O'Reilly, T.; Milstein, S.; Bombien, V.; Pahrmann, C.; Pelz, N. (2011): Das Twitter-Buch. 2. Aufl., Sebastopol 2011.

O.V. (2011a): Imagebroschüre der PCS. Ilsfeld 2011.

O.V. (2011b): TDS Informationstechnologie AG: Zahlen, Daten, Fakten. München 2011.

Papenhoff, M.; Platzköster, C. (2010): Marketing für Krankenhäuser und Reha-Kliniken: Marktorientierung & Strategie, Analyse & Umsetzung, Trends & Chancen. Duisburg 2010.

Pepels, W. (2012): Handbuch des Marketing. 6. Aufl., Gelsenkirchen 2012.

Pfeiffer, T.; Koch, B. (2011): Social Media: Wie Sie mit Twitter, Facebook und Co. Ihren Kunden näher kommen. Berlin 2011.

Powell, G. R.; Groves, S. W.; Dimos, J. (2011): ROI of Social Media: How to improve the return on your Social Marketing Investment. Atlanta 2011.

Richter, A.; Koch, M. (2007): Social Software: Status quo und Zukunft. München 2007.

Richter, A.; Koch, M. (2009): Enterprise 2.0: Planung, Einführung und erfolgreicher Einsatz von Social Software in Unternehmen. 2. Aufl., München 2009.

Ries, C. (2010): Public Relations und Mitarbeiterkommunikation von Wachstumsunternehmen: Untersuchung der Kommunikationskonzepte stark wachsender Unternehmen im deutschsprachigen Raum. Augsburg 2010.

Roebers, F.; Leisenberg, M. (2010): WEB 2.0 im Unternehmen: Theorie und Praxis; Ein Kursbuch für Führungskräfte. Bielefeld 2010.

Schillinger, R. (2010): Faszination Facebook: So fern und doch so nah. Psycho-soziale Motivatoren für die aktive Partizipation bei Social Networking Sites. Hamburg 2010.

Schmidt, J. (2006): Social Software: Onlinegestütztes Informations-, Identitäts und Beziehungsmanagement. In: Forschungsjournal Neue Soziale Bewegungen, 19. Jg. (2006), Heft 02/2006, S. 37-46.

Schüller, A. M. (2012): Touchpoints: Auf Tuchfühlung mit dem Kunden von heute. Managementstrategien für unsere neue Businesswelt. München 2012.

Schwindt, A. (2010): Das Facebook-Buch. 2. Aufl., Bonn 2010.

Scott, D. M. (2012): Die neuen Marketing- und PR-Regeln im Social Web: Wie Sie Social Media, Online Video, Mobile Marketing, Blogs, Pressemitteilungen und virales Marketing nutzen, um Ihre Kunden zu erreichen. 3. Aufl., Lexington 2012.

Sen, E. (2012): Social Media Management: Ganzheitliches Social Media in Unternehmen. In: Social Media Magazin, 6. Jg. (2012), Heft 01/2012, S. 10-15.

Smith, N.; Wollan, R.; Zhou, C. (2011): The Social Media Management Handbook: Everything you need to know to get Social Media working in your business. London 2011.

Stapelkamp, T. (2010): Web X.0: Erfolgreiches Webdesign und professionelle Webkonzepte. Gestaltungsstrategien, Styleguides und Layouts für stationäre und mobile Medien. Hof 2010.

Steffenhagen, H. (2008): Marketing: Eine Einführung. 6. Aufl., Aachen 2008.

Stuber, R. (2010): Erfolgreiches Social Media Marketing mit Facebook, Twitter, Xing & Co. 4., überarbeitete Aufl., New York 2010.

Süss, W.; Zerfaß, A.; Dühring, L. (2011): Corporate Branding im Spannungsfeld von Unternehmens- und Marketingkommunikation: Grundlagen, Fallstudien und empirische Erkenntnisse in Commodity-Branchen. Leipzig 2011.

Teuteberg, F.; Gomez, J. M. (2010): Green Computing & Sustainability – Status quo und Herausforderungen für betriebliche Umweltinformationssysteme der nächsten Generation. In: HMD - Praxis der Wirtschaftsinformatik, 47. Jg. (2010), Heft 274, S. 6-17.

Tönnis, M. (2010): Augmented Reality: Einblicke in die Erweiterte Realität. München 2010.

Vogelsang, A.; Minder, B.; Mohr, S. (2011): Social Media für Museen. Luzern 2012.

Watzlawick, P.; Beavin, J. H.; Jackson, D. D. (2011): Menschliche Kommunikation. 12. Aufl., Bern 2011.

Weinberg, T. (2011): Social Media Marketing: Strategien für Twitter, Facebook & Co. 2., überarbeitete Aufl., New York 2011.

Werner, A. (2012): Communication2Win: Praxishandbuch für innovative Marketingkommunikation im Zeitalter sozialer Netzwerke. München 2012.

Wien, A. (2012): Internetrecht: Eine Praxisorientierte Einführung. 3. Aufl., Cottbus 2012.

Wilson, M. L. (2012): Search User Interface Design. Southampton 2012.

Zerfaß, A. (2010): Unternehmensführung und Öffentlichkeitsarbeit: Grundlegung einer Theorie der Unternehmenskommunikation und Public Relations. 3., aktualisierte Aufl., Leipzig 2010.

Sonstige Quellen

Bernecker, M. (2011): Social Media Marketing in Unternehmen, Deutsches Institut für Marketing, Köln.

Döbler, T. (2007): Potenziale von Social Software. In: Fazit Schriftenreihe, Dezember/2007, Stuttgart, S. 9.

Nicolai, A. T.; Vinke, D. (2010): Wie nutzen Deutschlands größte Marken Social Media, Fakultät II - Informatik, Wirtschafts- und Rechtswissenschaften, Carl von Ossietzky Universität Oldenburg, Oldenburg.

Verzeichnis der Internetquellen

Adler, M. (2010): Webseitenbesucher über Nacht dauerhaft verdoppeln!,
http://www.online-marketing-blog.eu/2010/09/webseitenbesucher-uber-nacht-dauerhaft-verdoppeln/ (Stand: 14.05.2012).

Adler, M. (2011): Online-Marketing – Kommunikation auf Augenhöhe,
http://www.online-marketing-blog.eu/2011/08/online-marketing-kommunikation-auf-augenhohe/ (Stand: 14.05.2012).

Baumann, T. (2011): Die wichtigsten und beliebtesten Social Media Plattformen in Deutschland, http://www.myheimat.de/frankfurt-am-main/ratgeber/was-sind-die-wichtigsten-und-beliebtesten-social-media-plattformen-in-deutschland-d2234121.html (Stand: 14.05.2012).

Bender, J. (2012): ROI & Social Media – wie der Erfolg von eigenen Communities gemessen wird, http://www.social-business-blog.de/2012/01/roi-social-media-wie-der-erfolg-von-eigenen-communities-gemessen-wird/ (Stand: 14.05.2012).

Berners-Lee, T. (1990): The website of the world's first-ever web server,
http://info.cern.ch/ (Stand: 14.05.2012).

Donath, A. (2010): YouTube führt zu nix – belegt,
http://www.webvideomarkt.de/2010/06/16/youtube-fuhrt-zu-nix-belegt/ (Stand: 14.05.2012).

Esch, F. R. (o.J.): Gabler Wirtschaftslexikon,
http://wirtschaftslexikon.gabler.de/Archiv/81067/zweiseitige-kommunikation-v4.html (Stand: 14.05.2012).

Förster, S. (2012): Die relevantesten Social Media Dienste in der B2B-Kommunikation,
http://www.sfe.de/relevanteste-social-media-dienste-in-der-b2b-kommunikation/ (Stand: 14.05.2012).

Franken, P. (o.J.): Web-2.0-Potenzial schlummert noch,
http://www.isreport.de/it-strategie/der-nutzen-sozialer-netzwerke-im-internet-fuer-unternehmen.html (Stand: 14.05.2012).

Haseborg, V. (2010): Greenpeace gegen Nestlé: Wenn ein Netzwerk zur Waffe wird,
http://www.abendblatt.de/kultur-live/article1433815/Greenpeace-gegen-Nestle-wenn-ein-Netzwerk-zur-Waffe-wird.html (Stand: 14.05.2012).

Janosch, L. (2012): 7 Jahre Youtube,
http://www.radiohna.de/alles-gute-du-rohre/ (Stand: 14.05.2012).

Klug, S. U. (o.J.): Corporate Publishing,
http://www.4managers.de/management/themen/corporate-publishing/ (Stand: 14.05.2012).

Lake, L. (o.J.): Integration of Search Engines and Social Media Makes Real Time Search a Reality, http://marketing.about.com/od/socialmediamarketing/a/realtimesearch.htm (Stand: 14.05.2012).

Levine, R.; Locke, C.; Searls, D.; Weinberger, D. (1999): Cluetrain Manifest,
http://www.cluetrain.com/ (Stand: 14.05.2012).

Meyer, C.; Kirby, J. (2010): Harvard Business Review,
http://hbr.org/2010/04/the-big-idea-leadership-in-the-age-of-transparency/ar/1
(Stand: 14.05.2012).

Niemann, J. (2011): Youtube nach dem Relaunch,
http://www.taz.de/!83109/ (Stand: 14.05.2012).

O'Reilly, T. (2005): Web 2.0: Compact Definition?,
http://radar.oreilly.com/archives/2005/10/web-20-compact-definition.html (Stand:
14.05.2012).

O'Reilly, T. (2005): What Is Web 2.0,
http://oreilly.com/pub/a/web2/archive/what-is-web-20.html?page=1 (Stand:
14.05.2012).

O.V. (2009): Neues Facebook-Experiment enthüllt wiederum die Arglosigkeit der Nutzer,
http://www.sophos.com/de-de/press-office/press-releases/2009/12/facebook.aspx
(Stand: 14.05.2012).

O.V. (2009): Social Media Code of Ethics,
http://www.bvdw.org/mybvdw/media/download/bvdw-sm-leifaden-code-of-
ethics.pdf?file=1274 (Stand: 14.05.2012).

O.V. (2011): Anzahl der Blogs weltweit von 2006 bis 2011,
http://de.statista.com/statistik/daten/studie/220178/umfrage/anzahl-der-blogs-
weltweit/ (Stand: 14.05.2012).

O.V. (2011): ARD/ZDF-Onlinestudie,
http://www.ad-zdf-onlinestudie.de/ (Stand: 14.05.2012).

O.V. (2011): BITKOM,
http://www.bitkom.org/67675_67667.aspx (Stand: 14.05.2012).

O.V. (2011): Das Unternehmen PORTOLAN,
http://www.portolancs.com/unternehmen (Stand: 14.05.2012).

O.V. (2011): Facebook Statistics,
http://www.facebook.com/press (Stand: 14.05.2012).

O.V. (2011): PORTOLAN – Ihr SAP Business ByDesign Partner,
http://www.portolancs.com/sap-business-bydesign (Stand: 14.05.2012).

O.V. (2011): Über TDS,
http://www.tds.fujitsu.com/tds-home/unternehmen/ueber-tds/ (Stand: 14.05.2012).

O.V. (2011): Verbesserung der externen Kommunikation,
http://b2b-social-media-marketing.de/?p=228 (Stand: 14.05.2012).

O.V. (2011): Warum PORTOLAN – mitten im Festland?,
http://www.portolancs.com/unternehmen/philosophie (Stand: 14.05.2012).

O.V. (2011): XING AG Basisinformationen,
http://corporate.xing.com/deutsch/investor-relations/basisinformationen/auf-einen-
blick/ (Stand: 14.05.2012).

O.V. (2011): XING AG Unternehmensinformationen,
http://corporate.xing.com/deutsch/unternehmen (Stand: 14.05.2012).

O.V. (2012): Internet World Stats,
http://internetworldstats.com/stats.htm (Stand: 14.05.2012).

O.V. (2012): Social Media – Erfolgsfaktoren im B2B-Bereich,
http://de.statista.com/statistik/daten/studie/164282/umfrage/erfolgsfaktoren-fuer-das-social-media-marketing-im-b2b-segment-2010/ (Stand: 14.05.2012).

O.V. (2012): Soziale Netzwerke in Deutschland – Nutzerzahlen,
http://www.socialmediaagency.de/2012/01/soziale-netzwerke-in-deutschland-%E2%80%93-nutzerzahlen/ (Stand: 14.05.2012).

O.V. (2012): U.S. & World Population Clocks,
http://www.census.gov/main/www/popclock.html (Stand: 14.05.2012).

O.V. (2012): XING AG Premium-Mitgliedschaft,
https://www.xing.com/app/billing?op=premium_overview (Stand: 14.05.2012).

O.V. (2012): Youtube Pressebereich,
http://www.youtube.com/t/press (Stand: 14.05.2012).

O.V. (o.J.): Dell Outlet, https://twitter.com/delloutlet (Stand: 14.05.2012).

O.V. (o.J.): Gabler Wirtschaftslexikon,
http://wirtschaftslexikon.gabler.de/Archiv/122484/best-practice-v3.html (Stand: 14.05.2012).

O.V. (o.J.): United Nations Cyberschoolbus: Vital statistics,
http://cyberschoolbus.un.org/briefing/technology/index.htm
(Stand: 14.05.2012).

Parker, G.; Thomas, L. (2010): Wave 5 – The Socialisation Of Brands,
http://umww.com/global/knowledge/view?Id=128 (Stand: 14.05.2012).

Reder, B. (2011): Diebstahl der Identität,
http://www.computerwoche.de/mittelstand/2356002/index2.html (Stand:
14.05.2012).

Reißmann, O.; Lischka, K.; Stöcker, C. (2011): Meilensteine des Weitererzähl-Webs,
http://www.spiegel.de/netzwelt/web/0,1518,751859,00.html (Stand: 14.05.2012).

Sauter, J. (2011): UdL Digital,
http://www.udldigital.de/nxt_open-space-im-base_camp/ (Stand: 14.05.2012).

Schmidt, H. (2010): Unternehmen fehlt Struktur für Facebook, Twitter & Co.,
http://www.faz.net/aktuell/wirtschaft/netzwirtschaft/soziale-medien-unternehmen-fehlt-struktur-fuer-facebook-twitter-co-11450767.html (Stand: 14.05.2012).

Schulte, M. (2012): Twitter-Entwicklungsland,
http://wissen.dradio.de/social-media-twitter-entwicklungsland.33.de.html?dram:article_id=15766 (Stand: 14.05.2012).

Westphal, J. (o.J.): Social Media Marketing für Unternehmen,
http://www.experto.de/b2b/marketing/online-marketing/web-2-0/social-media-marketing-fuer-unternehmen-5-vorteile.html (Stand: 14.05.2012).

Wiens, B. (2012): Facebook: die neue Kirche?,
http://www.heise.de/tp/artikel/36/36063/1.html (Stand: 14.05.2012).

Gesprächsverzeichnis

Broselge, L. (2012): Account Manager, PORTOLAN Commerce Solutions GmbH, Ilsfeld, persönliches Gespräch am 3. April 2012 in Ilsfeld.

Erhard, M. (2012): Pressesprecher, TDS Informationstechnologie AG, Neckarsulm, telefonisches Gespräch am 10. April 2012.

Haug, R. (2012): Marketing und Public Relations, PORTOLAN Commerce Solutions GmbH, Ilsfeld, persönliches Gespräch am 3. April 2012 in Ilsfeld.